Edition Sport & Freizeit
Band 8

Ziel Fitness-Club:
Motive im Fitness-Sport

W0196940

Meinen Eltern,
Theodora Zouroufidou,
meinen Geschäftspartnern,
Otto Pohlmann

Hinweis zum Text:
Dieses Buch wurde nach den neuen Regeln der Rechtschreibung verfasst.

Edition Sport & Freizeit
Band 8

Georgios F. Zarotis

Ziel Fitness-Club:
Motive im Fitness-Sport

Gesundheit?
Aussehen?
Ausgleich?
Spaß?

Meyer & Meyer Verlag

Herausgeber der Reihe „Edition Sport & Freizeit":
Universitätsprofessor Dr. Walter Tokarski, Deutsche Sporthochschule Köln

Die Deutsche Bibliothek – CIP-Einheitsaufnahme

Zarotis, Georgios F.:
Ziel Fitness-Club : Motive im Fitness-Sport / Georgios F. Zarotis.
– Aachen : Meyer und Meyer, 1999
(Edition Sport & Freizeit ; Bd. 8)
ISBN 3-89124-546-7

Alle Rechte, insbesondere das Recht der Vervielfältigung und Verbreitung sowie
das Recht der Übersetzungen, vorbehalten. Kein Teil des Werkes darf in
irgendeiner Form – durch Fotokopie, Mikrofilm oder ein anderes Verfahren –
ohne schriftliche Genehmigung des Verlages reproduziert oder unter
Verwendung elektronischer Systeme verarbeitet, gespeichert, vervielfältigt oder
verbreitet werden.

© 1999 by Meyer & Meyer Verlag, Aachen
Olten (CH), Wien, Oxford, Québec, Lansing/ Michigan, Adelaide,
Auckland, Johannisburg
Titeldesign: Klaus Bertram, Leverkusen
Titelfotos: Stairmaster, Venice Beach, PhotoDisc
Reihenlayout: N&N Design-Studio, Walter J. Neumann, Aachen
Umschlagbelichtung: frw, Reiner Wahlen, Aachen
Lektorat: Professor Gerhard Neisel, Aachen
Druck: Firma Mennicken, Aachen
Internetadresse: http: //www. meyer-meyer-sports.com
e-mail: verlag@ meyer-meyer-sports.com
Printed in Germany
ISBN 3-89124-546-7

Inhaltsverzeichnis

1 Einleitung

Unsere Gesellschaft befindet sich in einem fortwährenden Wandel, der alle Lebensbereiche des Menschen erfasst. Arbeit und Freizeit, die zwei zentralen Lebenssphären, haben eine merkliche Bedeutungsverschiebung erfahren. Die Ursachen liegen auf der Hand: Entfremdung der Arbeit, wachsender Wohlstand sowie ein Wandel der althergebrachten gesellschaftlichen Werte haben der Freizeit eine zunehmende Bedeutung verliehen.

Der Sport als ein Subsystem der Freizeit bleibt von diesen Veränderungen nicht verschont, er wird zusehends zum Spiegelbild der gesellschaftlichen Zustände. Neue Trendsportarten sind entstanden, die dem Hunger nach Spaß, Erlebnis, Abenteuer und Genuss, aber auch der wachsenden Sorge um die Gesundheit Genüge leisten.

Eine verhältnismäßig junge Sportart, die geradezu als Paradebeispiel für die Befriedigung neuer Motive dient, ist der Fitness-Sport. Hier konzentrieren sich alle menschlichen Süchte und Sehnsüchte, im positiven wie im negativen Sinne: der Jugendwahn, die Persönlichkeitsfindung, die inszenierte Selbstdarstellung, zugleich aber auch das Streben nach Bewahrung und Förderung der Gesundheit.

Ziel der vorliegenden Studie ist es, das Gesamtbild der sportlichen Motivausprägung der Fitness-Klientel in gesundheitsorientierten Fitness-Clubs unter dem Gesichtspunkt der Geschlechts- und Altersspezifik zu untersuchen. Herausgearbeitet wird ein Motivprofil des männlichen und weiblichen Fitness-Publikums im Altersgang, das die Hintergründe für die Ausübung dieser Sportart erhellt und das bisherige Bild des anonymen „Fitness-Sportlers" ins rechte Licht rückt.

Mit dieser Studie wird ein Beitrag zur sportartspezifischen Motivforschung geleistet, die ihrerseits praxisrelevante Informationen und Aufschlüsse über die Motive der Klientel im Fitness-Sport bieten kann. Denn eben diese freizeitsportlichen Motive sind die Grundlage zur Stabilisierung der gegenwärtigen Situation und zur Entwicklung neuer zielgruppenspezifischer Angebote seitens der Fitness-Anbieter. Gerade sie müssen alle motivational-psychologischen Faktoren, die Einfluß auf das freizeitsportliche Verhalten der Bevölkerung haben, kennen, um nicht nur ihre Klientel zu halten, sondern auch das Anwachsen ihres Mitgliederpotentials zu ermöglichen. Sie müssen weiterhin individuelle Lösungen für unterschiedliche Zielgruppen und -personen finden, die Mitgliederanbindung an den Club intensivieren, um ihre eigene Existenzsicherung voranzutreiben und somit dem Fitness-Sport eine weitere Zukunft zu ermöglichen.

Der Fitness-Sport hat seine Pioniertage auf dem deutschen Markt schon lange hinter sich. Er ist zweifellos keine Modeerscheinung mehr, vielmehr hat er sich in der deutschen Sportlandschaft als ernstzunehmende Sportart etabliert. Dies bekräftigen die wachsenden Zahlen der Fitness-Einrichtungen und die Zunahme ihrer Mitglieder. Für die Sportwissenschaft ist es daher von immenser Bedeutung, die Beweggründe der Menschen für den Gang in diese „Gesundheitstempel" zu kennen, um die Tragweite der Veränderungen im Freizeitsport ihrem tatsächlichen Ausmaß gemäß einschätzen zu können.

2. Soziologische Aspekte der „Fitness"

2.1 Allgemeiner Wertewandel in der Gesellschaft

Unsere Gesellschaft befindet sich im ständigen Wandel. Veränderungen in Politik, Wirtschaft und im sozialen Bereich beeinflussen auf direktem oder indirektem Weg das gesellschaftliche Wertesystem. Diese internen Veränderungen der Gesellschaft werden mit Leitbegriffen, wie *Wandel, Wertewandel, Strukturwandel, sozialer Wandel, Differenzierung* und *Ausdifferenzierung der Gesellschaft,* beschrieben. Die Folgen der gesellschaftlichen Differenzierung sind aufgrund unserer komplexen und zugleich dynamischen Gesellschaftsform bislang allerdings nicht immer hinreichend dargestellt worden. Wie schwierig es ist, „den Wandel in einer geschlossenen Theorie einzufangen", zeigen die unterschiedlichen Charakterisierungen der Gesellschaft als Industriegesellschaft, postmaterielle Gesellschaft, Dienstleistungsgesellschaft, Freizeitgesellschaft etc. (ANDERS 1990, 5). In diesem *Prozess des Wertewandels* müssen jene Faktoren genannt werden, die potentiell auf die Werthierarchien Einfluss haben und Veränderungen bewirken können. Sozialwissenschaftler diskutieren bereits seit langem die Entstehung von Werten. Von einer grundlegenden Erforschung dieses Problemkomplexes kann allerdings nach wie vor nicht die Rede sein. Hillman hält dieses Gebiet sogar für überwiegend wissenschaftliches Neuland (HILLMANN 1989). Wenn jedoch von einem *Wertewandel* gesprochen wird, so muss zuvor begrifflich klargestellt werden, was unter dem Terminus *Werte* zu verstehen ist. Eine plausible und eindeutige Begriffsbestimmung der Bezeichnung *Werte* formulieren Opaschowski/Raddatz:

„Werte sind bewußte oder unbewußte Vorstellungen des Gewünschten, die sich in der Präferenz bei der Wahl zwischen Handlungsalternativen niederschlagen ... Persönlichkeitsstrukturell verankert sind sie relativ stabile, allgemeine Vorstellungen über das Wünschenswerte ... In einer bestimmten Bevölkerung bewirken Werte eine Bevorzugung oder Zurücksetzung von Objekten, Zuständen oder Handlungen. Verankert in der Motivationsstruktur der Einzelindividuen, weist ein Wert einen hohen Grad an allgemeiner Verbindlichkeit auf ... Die doppelte Verankerung von Werten in der Persönlichkeitsstruktur und in der Sozialstruktur verzahnt die Gesellschaft ... Das System der Werte kann man sich als Leitlinie vorstellen, an der die Menschen ihr Leben in der Gesellschaft orientieren ..." (OPASCHOWSKI/RADDATZ 1984, 6).

Wenn Werte die Funktion einer Leitlinie haben, so bedeutet ein *Wertewandel* die Verschiebung von Leitlinien. Diese Verschiebung hat zur Folge, dass während einer Übergangsphase eine Um- und Neuorientierung eintreten muss (OPASCHOWSKI/RADDATZ 1984).

Entsprechend betrachtet Digel den Wertewandel unter dem Gesichtspunkt, dass:

1. alte Werte völlig verloren gehen und nicht durch neue ersetzt werden.
2. alte Werte bestehen bleiben und neue hinzukommen.
3. neue Werte die alten Werte ersetzen.
4. in der Wertehierarchie Werte ihren Rangplatz ändern.

(DIGEL 1990)

Zwar kann mit Hilfe dieser Kriterien bestimmt werden, welcher Typ von Wertewandel vorliegt, Aussagen über die eigentlichen Ursachen des Wertewandels sind allerdings nicht möglich. Die „Ursachen des sozialen Wandels" erklärt Digel deshalb aufgrund subjektiv-alltäglicher Erfahrungen:

1. Der Säkularisierungsprozess lockert die rigiden Sozial-Rollen.
2. Das Bildungssystem wächst.
3. Der Wohlfahrtsstaat wird ausgebaut und die Partizipation der Bürger am wirtschaftlichen Fortschritt nimmt zu.
4. Die Konstruktion und Begrenztheit natürlicher Ressourcen bewirkt einen Interessenkonflikt.
5. Das Beschäftigungssystem steckt in der Krise.
6. Der Freizeitsektor expandiert.
7. Die Familie erfährt einen Funktionswandel. Sie wird zum Ort emotionaler Geborgenheit und gemeinsamen Lebensgenusses. Die Formen des Zusammenlebens vervielfältigen sich.
8. Die Massenmedien werden extensiv genutzt.
9. Die Massen werden extensiv genutzt.
10. Der Bereich der Dienstleistungsberufe wird ausgeweitet.

11. Die echte Jugend wird verschult. Sie gibt auch dem Erwachsenenlernen Status und führt zum lebenslangen Lernen. (DIGEL 1986)

Im Prozess des Wandels kommt es also zu Übergangsphasen. Wenn in diesen Übergangsphasen alte Werte bestehen bleiben und neue Werte hinzukommen, lässt sich eine Wertpluralität beobachten, die bei den Individuen „Orientierungsunsicherheiten bewirken" kann (OPASCHOWSKI/RADDATZ 1984, 6). Andererseits bietet diese Wertpluralität dem Individuum zugleich auch eine größere Entscheidungsvielfalt.

Der allgemeine Wertewandel in der Gesellschaft wird hauptsächlich auf Veränderungen der Wertstrukturen im Arbeitsleben zurückgeführt. Die protestantische Arbeitsethik, die in der Arbeit einen Lebenssinn und Selbstzweck mit sittlichem Wert sieht und die Pflichterfüllung über den Daseinsgenuss stellt, verliert zunehmend an Bedeutung (MAX WEBER zitiert in: TOKARSKI/SCHMITZ-SCHERZER 1985, 18). „Arbeit wird immer mehr Mittel zum Zweck, ist immer weniger Selbstzweck", sagt auch Digel (DIGEL 1986, 15 ff.). In gleichem Maße, wie die Arbeit ihre Funktion und ihren Wert verliert, erfährt die Freizeit eine fundamentale Aufwertung, so dass sogar ein Wandel zur Freizeitgesellschaft gesehen wird.

Insbesondere Ingelharts These von der *postmaterialen Gesellschaft* ist eine plakative Darstellung des gesellschaftlichen Wertewandels und sie hat einen prägenden Einfluss auf die heutige Diskussion. Ingelhart betont den Bedeutungsverlust von Werten, die der puritanischen Weltanschauung entstammen und bis ins gegenwärtige Jahrhundert überliefert wurden (INGELHART 1979).

Digel greift die Polarität der *materialistischen Werthaltung* und *postmaterialistischen Werthaltung* auf (DIGEL 1986). Dabei verbindet er mit der „materialistischen Werthaltung" Merkmale wie Anpassungsbereitschaft, Leistung, Macht, Geschlechtsrollenerwartungen und -anforderungen, Statusorientiertheit, Berufsorientierung, Streben nach materieller und sozialer Sicherheit, Gehorsam, Askesebereitschaft und Pflichtethik. Der „postmaterialistischen Werthaltung" hingegen attestiert er sinkende Bereitschaft zur Rollenspezifizierung, Selbstentfaltung, Lebensqualität, Risikobereitschaft, Ausleben emotionaler Bedürfnisse, religiöse Offenheit, Humanisierung, Orientierung am Privaten und politische Partizipation (DIGEL 1986).

Klages unterscheidet vier Dimensionen des Wertewandels: „1. Pflicht und Akzeptanzwerte verlieren an Bedeutung (Leistung, Gehorsam, Anpassung, Folgsamkeit). 2. Werte 'kritisch autonomer Prosozialität' gewinnen an Bedeutung (Selbständigkeit, Hilfsbereitschaft, Ehrlichkeit). 3. Individualistische Werte gewinnen an Bedeutung (Kreativität, Spontaneität, Ungebundenheit, Eigenständigkeit, Durchsetzungsfähigkeit). 4. Hedonistische Werte gewinnen an Bedeutung (Genuß, Abenteuer, Spannung, Abwechslung, Ausleben emotionaler Bedürfnisse)" (KLAGES zitiert in: DIGEL 1986, 25).

Diese postmaterialistischen Werte können vor allem in der Freizeit ausgelebt werden. „Freizeit" kann demnach als ein zentraler Faktor des allgemeinen gesellschaftlichen Wertewandels gesehen werden.

2.1.1 Wertewandel und Freizeit

Durch die Bedeutungsverschiebung zwischen Arbeit und Freizeit und dem gleichzeitig wachsenden Wohlstand gewinnt die Freizeit zunehmend an Wertschätzung. Sie ist ein wesentlicher Faktor zur Beurteilung von Lebensqualität geworden (AGRICOLA 1990).

Eine Einigung über eine einheitliche Definition des Freizeit-Begriffs fehlt allerdings bislang in der wissenschaftlichen Literatur. Agricola ordnet den Freizeit-Begriff folgenden vier Theorierichtungen zu:

„1. Freizeit als Residualkategorie der Arbeit. 2. Freizeit als ideologische und funktional ausgegrenzte Parzelle des Alltags, die zwar der Arbeit verhaftet ist, aber dennoch ein kritisches Potential aufweist. 3. Freizeit als Eigendomäne eines sozialkulturellen Lebensstils der nachindustriellen Gesellschaft. 4. Freizeit als integrierter Bestandteil allgemeiner Zeitstrukturen, als Lebens- und Zeitbereich überschätzt und deshalb auflösbar" (AGRICOLA 1990, 40).

Je nach theoretischer Betrachtungsweise liefert die Freizeitforschung unterschiedliche Erklärungsansätze für den Terminus *Freizeit*. Jedoch bietet keine dieser Theorien für sich allein eine vollständige Begriffserklärung. Da *Freizeit* stets mehr oder weniger in einer Interdependenz zur *Arbeit* gesehen wird, bietet sich als einzige konsensfähige Begriffsbeschreibung der Terminus *Nicht-Arbeit* an (TOKARSKI/SCHMITZ-SCHERZER 1985).

Auch Franke bekräftigt, dass „Freizeit" von den Menschen hauptsächlich als *Gegenteil von Arbeit* betrachtet wird (FRANKE 1983). Diese Negativ-Definition eignet sich vor allem zur Abgrenzung der Freizeit von Erwerbstätigen, die zu genau festgelegten Arbeitszeiten beschäftigt sind. Für diese große Gruppe mag *freie* Zeit als Gegenteil von Arbeit wohl zutreffen. Daten über die freie Zeit von Erwerbstätigen werden daher häufig als Hinweis auf eine allgemeine Zunahme der Freizeit gedeutet. Dieser enge Freizeit-Begriff gilt für die abhängig Beschäftigten und liefert, angesichts der hohen quantitativen Bedeutung dieser Gruppe, zweifellos auch brauchbare Ergebnisse. Probleme erwachsen aus dieser Interpretation allerdings dann, wenn es sich um Hausfrauen, Künstler, um Freiberufler und Selbständige handelt, denn diese Gruppen verfügen über eine sehr variable Arbeitszeit. Eine genaue Erfassung ihrer Freizeit wird mit diesem Freizeit-Begriff schwerfallen. Schüler, Studenten, Auszubildende, Arbeitslose und Rentner gehen keiner geregelten Erwerbsarbeit nach; dies bedeutet jedoch nicht, dass sie über unbegrenzte Freizeit verfügen. Schon per Definition passen diese Gruppen ebenfalls nicht in dieses Freizeitmodell (JÜTTING 1983).

Berechtigt ist der Einwand Eichlers, dass Freizeit als Gegenteil von Arbeit nur einen Zeitraum beschreibt, aber keine Aussage über den Inhalt dieser Freizeit zulässt (zitiert in: JÜTTING 1983, 29). Ein weiterer Kritikpunkt ist, dass der enge Definitionsbegriff der Freizeit als Nicht-Arbeit vermehrte Obligationszeiten, wie beispielsweise Fahrzeit zur Arbeit, Hausarbeiten, Kinderbetreuung, soziale und familiäre Verpflichtungen usw., die wiederum die ermittelte Freizeit reduzieren, außer Acht lässt. Ein subjektiver Freizeit-Begriff kann deshalb mitunter nützlicher sein, denn für den einzelnen wird Freizeit durch subjektive Kriterien zur „richtigen" Freizeit.

Die subjektive Freizeitauffassung wird von mehreren Autoren vertreten. Tokarski meint, Freizeit werde *subjektiv empfunden*, nach Andreae ist Freizeit *das Gefühl, freie Zeit zu besitzen*; Neulinger betrachtet Freizeit als eine *Gemütsverfassung (state of mind)* und für Iso-Ahola ist sie eine *subjektive Wahrnehmung (subjective perception)*

(alle zitiert in: OPASCHOWSKI 1993, 27). Die Bedeutung dieses
subjektiven Freizeit-Begriffs wird durch eine vom B.A.T- Freizeit-
Forschungsinstitut 1989 durchgeführte Studie bekräftigt. Darin geben
53 % der Befragten an, trotz Arbeitszeitverkürzung subjektiv das
Gefühl zu haben, nicht ausreichend über Freizeit zu verfügen
(OPASCHOWSKI 1993).

Franke beschreibt zwei in der Freizeitforschung etablierte Grundauf-
fassungen von Freizeit, die sogenannten Komplementär- und die sogenannten Kontrasttheorien (FRANKE 1983).

Die *Komplementärtheorien* betrachten Arbeit als Gliederungsprinzip
mit zentralem Wert im Leben des Menschen, wohingegen Freizeit nur
ergänzende, also komplementäre, Funktion hat. Die Komplementärtheorien wurzeln in der calvinistisch-protestantischen Arbeitsethik
des 16. Jahrhunderts und sind bis zum Ende der Industrialisierung
bestimmend gewesen. Arbeit wurde als Weg zur religiösen Selbstläu-
terung instrumentalisiert, der *Müßiggang* in der Freizeit war uner-
wünscht. Später wurden sie von den kapitalistischen und marxisti-
schen Ideologien weiterentwickelt. Arbeit bleibt auch im Kapitalismus
ein wesentlicher Grundpfeiler, denn nur sie ermöglicht den ökonomischen Gewinn. Freizeit wird demgegenüber zur Wiederherstellung der
Arbeitskraft degradiert. Im Marxismus wird die *Entfremdung der Arbeit* durch die verstärkte Arbeitsteilung angeprangert. Diese Entfremdung verhindert die Selbstverwirklichung des Menschen in der
Arbeit.

Kontrasttheorien betrachten die Freizeit als autonomes Handlungsfeld
und anzustrebenden Zustand selbstbestimmter Zeit, die im Gegensatz
zur abhängigen Arbeit steht. Die Zunahme der Freizeit, die Verringerung der körperlichen Arbeitsbelastung und die Bedeutungsverschiebung von der Arbeit hin zur Freizeit werden entsprechend positiv beurteilt. Die arbeitsethischen Wertmuster, wie Leistung und Konkur-
renz, haben in der Freizeit keinen Platz. Die Kontrasttheorien gewinnen in
den hochindustrialisierten Gesellschaften zunehmend an Bedeutung. Sie
haben zur Renaissance der Ideale des griechischen Humanismus und
zur Instrumentalisierung der Arbeit beigetragen. Arbeit dient hauptsächlich als Mittel zum Zweck, sie hat ihren Eigenwert verloren. Die
zunehmende Arbeitsteilung und Entfremdung der Arbeit in modernen
Wirtschaftssystemen haben ein gesteigertes Bedürfnis nach Freizeit
geschaffen. Der arbeitende Mensch ist nur noch in geringem Maße

am gesamten Herstellungsprozess eines Produktes beteiligt. Ihm fehlen die Identifikation mit seiner Arbeit und das Erfolgserlebnis, an möglichst vielen Stufen des gesamten Herstellungsprozesses beteiligt zu sein und ein *eigenes Produkt* geschaffen zu haben. Da die Selbstverwirklichung am Arbeitsplatz häufig fehlt, muss sie vermehrt in der Freizeit gesucht werden.

Opaschowski untermauert diese Auffassung durch eigene Studien aus dem Jahr 1988 und 1989 (OPASCHOWSKI 1992). Der Freizeitsektor verselbständigt sich danach immer mehr und wird zu einem eigenständigen Lebensbereich, in dem die Menschen Lebensfreude wiedergewinnen können, denn dort finden sie Spaß, Unterhaltung und Zerstreuung. Freizeit gilt deshalb als erstrebenswert (FRANKE 1983). In diesem Sinne kann von einer zunehmenden Bedeutung der Freizeit in der heutigen Gesellschaft gesprochen werden.

Jütting spricht gar von einer *Freizeitgesellschaft*, die aus der industriellen Gesellschaft entstanden ist. Ihre Kennzeichen sind der „Überfluß an Gütern, Energie und Zeit, eine stetige Verbesserung des Lebensstandards und des Wohlstandes insgesamt" (JÜTTING 1983, 28).

Übereinstimmung herrscht in der Freizeitforschung weitgehend darüber, dass die freie Zeit zugenommen hat; so entsteht beispielsweise „1/3 Zeitgewinn durch Verkürzung der Hausarbeit; 2/3 durch Verringerung der Berufsarbeitszeit" (TOKARSKI/SCHMITZ-SCHERZER, 1985, 65 ff.).

Die Entwicklung der freien Zeit ist von der Arbeitszeit abhängig. Aufgrund dieser Interdependenz müssen zukünftige Entwicklungen der Freizeit stets in Verbindung mit der Entwicklung der Arbeitszeit betrachtet werden. Diese wiederum ist für weite Teile der Bevölkerung gesunken. Ein Indikator für die Abnahme der Arbeitszeit ist eine Aufstellung der tariflichen Jahresarbeitszeit für Industriearbeiter (DGF 1995). Die Jahresarbeitszeit beinhaltet aktuelle Absenkungen der Wochenarbeitszeit sowie die gestiegenen Urlaubsansprüche aus der Vergangenheit. Dieser Aufstellung zufolge sinkt die wöchentliche Arbeitszeit und in ihrem Zuge erhöht sich die Freizeit. Gerade einmal ein Jahrhundert dauerte es, bis aus der 60-Stunden-Woche mit sechs Arbeitstagen um das Jahr 1900 nun die 35-Stunden-Woche mit fünf Arbeitstagen in der Metallindustrie im Jahre 1996 wurde (vgl. auch OPASCHOWSKI 1993).

Was das Verhältnis von freier Zeit und Arbeitszeit betrifft, so gilt allgemein ein weiterer Zuwachs an Freizeit im Vergleich zur Arbeitszeit als sicher. Dies geschieht aufgrund der Verringerung der Lebensarbeitszeit (verlängerte Ausbildung und frühzeitige Pensionierung bei höherer Lebenserwartung), Verkürzung der Jahresarbeitszeit (Zunahme der Urlaubstage und Arbeitszeitflexibilisierung) sowie Verkürzung der Wochen- und Tagesarbeitszeit (GROSS 1992).

1964 betrug das Verhältnis der jährlich freien Zeit gegenüber der Arbeitszeit etwa 1:1 (TOKARSKI/SCHMITZ-SCHERZER 1985). Lediglich 20 Jahre später, Mitte der 80er Jahre verschob sich dieses Verhältnis bereits auf 3:2 zugunsten der Freizeit (WACHENFELD 1987; AGRICOLA 1990; DIGEL 1990; KAPPELER 1994).

Diese, im Rückblick betrachtet, rasche Entwicklung der Freizeit veranlasst Opaschowski, vom *Jahrhundert der Freizeit* zu sprechen. Er sieht den Grund für diesen Prozess zum einen in der *erhöhten Arbeitsproduktivität*, die durch die zunehmende Technisierung entscheidend gefördert wird, zum anderen in der *Arbeitszeitverkürzung*, die als Mittel zur Bekämpfung der Arbeitslosigkeit eingesetzt wird. Dennoch nehmen die Menschen, subjektiv betrachtet, das Mehr an Freizeit nicht wahr (OPASCHOWSKI 1993).

„Noch nie hatte eine Generation – objektiv gesehen – so viel Freizeit. Die werktägliche Freizeit nahm in den letzten vierzig Jahren von 1,5 Stunden (Allensbach 1952) auf 4,1 Stunden (B.A.T Institut 1992) zu. Die Wochenendfreizeit verlängerte sich von 1,5 auf 2 Tage und die Urlaubsdauer hat sich von 9 auf 31 Tage mehr als verdreifacht. Dem objektiv feststellbaren Freizeitgewinn steht aber subjektiv kein entsprechendes Freizeitbewußtsein gegenüber" (OPASCHOWSKI 1993, 17).

Opaschowskis These wird durch die Ergebnisse der Studie des B.A.T-Freizeit-Forschungsinstitutes von 1989 untermauert. Mehr als die Hälfte der Befragten (53 %) beklagt in dieser Untersuchung, trotz deutlicher Arbeitszeitverkürzung (die nur teilweise durch steigende Obligationszeiten wieder wettgemacht wird), einen Mangel an Freizeit. (OPASCHOWSKI 1993)

Auch Rittner weist auf vermehrte Klagen über Hektik, Stress und Überbelastung in der Bevölkerung hin. Zeitnot und Zeitarmut treten seiner Meinung nach trotz wachsender Freizeit auf (RITTNER 1987). Franke vermutet den Grund darin, dass Wohlstand und Konsumansprüche im Verhältnis gesehen schneller steigen als die zur Verfügung stehende Freizeit (FRANKE 1983). Freizeit wird demzufolge zur Mangelware:

„Weil die eigene Freizeit im subjektiven Empfinden viel zu gering erscheint, wird sie zunehmend kostbarer und wertvoller eingeschätzt. Die Arbeitnehmer rennen förmlich den vielfältigen Freizeitmöglichkeiten hinterher – auch aus Angst, vielleicht etwas zu verpassen" (OPASCHOWSKI 1993, 18). Die Folge dieser Haltung ist *Freizeitstress*, unter dem immer mehr Menschen leiden.

Als entscheidende Faktoren des ansteigenden Freizeitwertes werden oft *demographische Veränderungen* genannt. Auswirkungen auf die demographische Gestaltung der Gesellschaft, und somit auf die Freizeit, hat zum Beispiel die gestiegene Lebenserwartung. Im Durchschnitt ist die Lebenserwartung von Männern und Frauen in den letzten 125 Jahren um mehr als das Doppelte gestiegen. 1871 betrug sie nur 37 Jahre, neuesten Angaben des Statistischen Bundesamtes in Wiesbaden zufolge beträgt die durchschnittliche Lebenserwartung heute 82 Jahre bei Frauen und 79 Jahre bei Männern (STATISTISCHES BUNDESAMT 1997). De facto bedeutet dies: Immer mehr ältere Menschen haben immer länger die Möglichkeit, Freizeit aktiv zu nutzen. Diese demographische Veränderung wird sich in der Qualität der Freizeitangebote widerspiegeln, denn ältere Menschen werden ihre Freizeit anders verbringen wollen als junge (OPASCHOWSKI 1993).

Einen starken Einfluss auf die Freizeit hat ebenfalls die Zunahme der *Single-Haushalte* in der modernen Gesellschaft. Als Singles gelten junge Menschen in der Ausbildung, Menschen ohne feste Partnerbindung, aber auch zunehmend ältere Menschen, die ihren Lebenspartner verloren haben (DIETRICH et al. 1990). Ihr Single-Dasein führt zu sehr individuellen Freizeitgewohnheiten, da sie im Zusammenleben nicht auf einen Partner fixiert sind. Alleinstehende Menschen nutzen einen Teil ihrer Freizeitaktivitäten dazu, aufgrund des fehlenden Partnerbezuges, soziale Kontakte aufrechtzuerhalten oder herzustellen. Viele Singles konzentrieren ihre Freizeitaktivitäten auch auf die Partnersuche (DIETRICH et al. 1990).

Ein weiterer Einfluss-Faktor für das Freizeitverhalten ist das *höhere Bildungsniveau* der Menschen (RITTNER et al. 1989; HEINEMANN 1989). Etwa 50 % der Bevölkerung verfügen über die mittlere Reife oder Abitur. Der Arbeiteranteil ist weiterhin rückläufig, während der Angestelltenanteil stetig wächst und auch Frauen immer häufiger ihrem Beruf nachgehen (DIETRICH et al. 1990).

Die Entwicklung der Freizeit nach dem zweiten Weltkrieg ging auch mit einer stark *anwachsenden wirtschaftlichen Produktion* einher. Bei abnehmender Arbeitszeit stiegen die Löhne deutlich. Betrug der durchschnittliche Stundenlohn 1950 noch etwa 1,29 DM, so erhöhte er sich bis 1990 um das 15fache auf ca. 20 DM. Selbst unter Einbeziehung der realen Preissteigerung bedeutet dies immerhin noch eine fünffache Reallohnsteigerung (OPASCHOWSKI 1994). Dieser Anstieg des *finanziellen Wohlstands* bewirkt eine prozentuale Umverteilung der Ausgaben in den Privathaushalten. Es muss weniger Geld für die Grundbedarfsgüter ausgegeben werden, statt dessen werden immer mehr Finanzen für den „freien" bzw. „gehobenen" Bedarf aufgewendet (FREYER 1991). Je besser die wirtschaftlichen Rahmenbedingungen sind, desto höher ist der Bedarf an Freizeitaktivitäten. Bei Tokarski/Schmitz-Scherzer heißt es dazu:

„Freizeitaktivitäten werden da am häufigsten kumuliert, wo der für die Freizeit verfügbare Teil des Einkommens am höchsten ist" (TOKARSKI/SCHMITZ-SCHERZER 1985, 81).

Doch nicht allein die Häufigkeit der Aktivitäten ändert sich bei zunehmendem Einkommen, sondern auch die Qualität der Freizeitgestaltung. So stellt Wachenfeld eine deutliche Häufigkeitsabnahme von Freizeitaktivitäten wie Spazierengehen, Fernsehen und Nichtstun bzw. Ausruhen fest. Hingegen stehen Aktivitäten wie Lesen, Kurzreisen, Kulturveranstaltungen besuchen und Sporttreiben weit häufiger in der Gunst der finanziell gut gestellten Freizeiter (WACHENFELD 1987). Schätzungen zufolge soll der frei verfügbare Einkommensanteil von derzeit 39 % auf 50 % des Gesamteinkommens ansteigen (DIETRICH 1990).

Der Versorgungskonsum, also die Nachfrage nach lebensnotwendigen Gütern, nimmt bei Einkommenssteigerungen unterproportional oder überhaupt nicht zu. Luxusgüter hingegen werden bei steigendem Einkommen proportional oder überproportional nachgefragt. Dieser *Erlebniskonsum* ist keine überlebenswichtige Notwendigkeit, macht aber das Leben „angenehmer, schöner und erlebnisreicher". Solange Löhne und Einkommen steigen und der Preisanstieg nicht gleich oder höher liegt, wächst aus diesem Grund der Erlebniskonsum schneller als der Versorgungskonsum. Eindeutig zählen Freizeitaktivitäten zum Erlebniskonsum, denn auf sie könnte nötigenfalls verzichtet werden, wenn Geld und Zeit für die Deckung des lebenswichtigen Bedarfs benötigt würden (OPASCHOWSKI 1993). Opaschowski beobachtet in allen Einkommensklassen, die etwa zwei Monatseinkommen im Jahr für Freizeitzwecke ausgeben, steigende Freizeitausgaben (OPASCHOWSKI 1993).

Die materiellen Rahmenbedingungen der Freizeit werden neben dem verfügbaren Einkommen auch vom *Wohnumfeld* und von der *Mobilität* mitbestimmt. Das Wohnumfeld ist dann von Bedeutung, wenn der Freizeiter nur über geringe Mobilität verfügt. So kann die „lokale Identität" gefördert werden, wenn in der näheren Umgebung Einrichtungen für Kultur, Bildung, Erholung und Geselligkeit zu erreichen sind (TOKARSKI/SCHMITZ-SCHERZER 1985). Weil die Freizeit für die Mehrheit der Menschen besonders wichtig ist, wird allenthalben der Wohnort auch nach der Attraktivität seiner freizeitlichen Infrastruktur ausgewählt. Welche Bedeutung Arbeitsort und Wohnort im Vergleich für die Freizeit besitzen, drückt Wachenfeld folgendermaßen aus:

„Ein großer Teil intraregionaler Umzüge in der Bundesrepublik (bezogen auf die alten Bundesländer) erfolgt primär wohnort- und damit freizeitorientiert und nicht arbeitsplatzorientiert" (WACHENFELD 1987, 148).

Das Freizeitverhalten ist nicht zuletzt auch das Resultat des Einflusses von *Wissenschaft* und *Technik*. Denn erst durch den zunehmenden Einsatz der Technik wurden die Produktionsprozesse effektiver, so dass höhere Gewinne erzielt und die Arbeitszeit herabgesetzt werden konnten. Technische Errungenschaften haben auch in der Freizeit selbst Einzug gehalten und für neue Formen der Freizeitgestaltung gesorgt, so beispielsweise durch Fernsehen, Video, Computer, Mountainbikes, Surfbretter etc. Durch die Einwirkung der Massenmedien nehmen an dieser Revolutionierung der Freizeit breite Bevölkerungsschichten teil. Vor allem das Fernsehen hat die Technisierung der Privatsphäre salonfähig gemacht und damit zur Änderung des Freizeitverhaltens beigetragen (FREYER 1991).

Haushaltsgeräte wie Waschmaschine, Wäschetrockner, Geschirr-spülautomat, Mikrowelle etc. sind heute aus einem modernen Haushalt nicht mehr wegzudenken. Sie vereinfachen die Hausarbeit und tragen dadurch mit einem Drittel Zeitgewinn zu mehr Freizeit bei. Die körperlichen Belastungen am Arbeitslatz verringern sich im Allgemeinen durch den Einsatz von Maschinen, Berufe mit hohen körperlichen Anforderungen werden immer seltener (OPASCHOWSKI 1994).

Auswirkungen auf das Verhalten der Menschen in der Freizeit hat auch die *Wissenschaft* mit ihren Erkenntnissen, es sei nur an die verbesserte medizinische Gesundheitsaufklärung erinnert. Nicht zuletzt ihr ist das wachsende Gesundheitsbewusstsein der Gesellschaft zu verdanken. Gesundheitsbewusste Menschen versuchen auch ihre Freizeit gesundheitsorientiert auszurichten, beispielsweise durch Gesundheitssport oder Entspannungstechniken. Auch wird die Erkenntnis, dass der Mensch als soziales Wesen den Kontakt und die Unterstützung anderer Menschen benötigt, von vielen Menschen in der Freizeit umgesetzt.

Ohne die Entwicklung der *Wirtschaft* ist keine Sicherung des Wohlstands und damit auch der Freizeit möglich. Wirtschaft stellt einen Garant für Freizeitverhalten und -gestaltung dar. Freizeit und Wirtschaft besitzen in modernen Gesellschaften deshalb komplementären Charakter.

„Die Herausbildung der Freizeit, die dazu notwendige Verkürzung der Arbeitszeit und die Bereitstellung dazu erforderlicher Mittel sind ohne die entsprechende Entwicklung der Wirtschaft nicht denkbar ... Als gesellschaftlicher Freiraum bedarf Freizeit der privaten und öffentlichen ökonomischen Absicherung durch Mitteleinsatz, Zeiteinsatz und durch Einsatz von Innovationspotentialen" (AGRICOLA 1990 b, 19).

Freizeit ist mittlerweile selbst zum Wirtschaftsfaktor geworden. Wachenfeld hält Freizeit gar für ein ökonomisches Gut, da sie für den einzelnen Menschen die Voraussetzung der Knappheit, Nützlichkeit und Begehrtheit erfüllt (WACHENFELD 1987). Wie hoch das ökonomische Gut *Freizeit* in der Zukunft sein wird, hängt in starkem Maß von den Effekten der gegenwärtigen Wirtschaftskrise auf den Freizeitsektor ab, die sich zum jetzigen Zeitpunkt noch nicht absehen lassen.

Der zunehmende Freizeitkonsum führte in den letzten 20 Jahren zu einer siebenfachen Umsatzsteigerung auf dem Freizeitmarkt. Dieser Markt hat mittlerweile einen bedeutenden gesamtwirtschaftlichen Stellenwert erreicht (WACHENFELD 1987).

Die Bedeutung von Freizeit, Konsum und Arbeit ist in den verschiedenen Altersstufen unterschiedlich. Für 88 % der Jugendlichen im Alter von 14-17 Jahren ist Freizeit und für 65 % ist der Konsum wichtig für das Wohlbefinden. Arbeit wird nur von 44 % der Jugendlichen als wichtig erachtet. Bei den 30-49-Jährigen betragen die Werte für Freizeit und Konsum 74 % bzw. 53 %, dagegen ist die Bedeutung der Arbeit in dieser Gruppe mit 72 % wesentlich höher. Die Reihenfolge ändert sich bei Menschen über 65 Jahren und älter. Sie schätzen die Freizeit zu 49 %, Arbeit zu 40 % und Konsum zu 39 % als wichtig ein (OPASCHOWSKI 1993 a).

Diese Ergebnisse lassen darauf schließen, dass jüngere Menschen verstärkt mit *Freizeitkonsum-Angeboten,* entsprechend ihrem geringen Einkommen, mobilisierbar sind. Das mittlere Alter steht dem Konsum kritischer gegenüber und betrachtet Freizeit zwar als wichtig, aber nicht mehr als dominierend. Menschen dieses Alters können aufgrund ihres höheren Einkommens teuere Freizeitangebote wahrnehmen. Bei älteren Menschen stehen Freizeit und Konsum zwar nicht so hoch im Kurs, dies bedeutet jedoch nicht zwangsläufig, dass sie nicht mit altersgemäßen Angeboten angesprochen werden können.

Das Beziehungsgeflecht von Freizeit, Sport und Wirtschaft in der heutigen Gesellschaft wird vor allem dann deutlich, wenn in der Diskussion um den Wandel der Werte dieser auf die Segmentverschiebung von Industrie zu Dienstleistung zurückgeführt wird. Steigender Wohlstand, zunehmende Freizeit und die Innovationsfreude in der Freizeitwirtschaft haben den Freizeitmarkt zu einem eigenständigen Wirtschaftsbereich bzw. Wirtschaftsfaktor von besonderer Bedeutung werden lassen (AGRICOLA/HAAG/STOFFERS 1990).

Ein wichtiger Teilmarkt auf dem Freizeitmarkt ist der Sportmarkt. Differenzierungen im Subsystem Sport haben im Freizeitsport die starke Ausweitung des Dienstleistungsbereiches nach sich gezogen. Die Ursachen dafür sieht Hoffmann einerseits in einem neuen Freizeitbewusstsein, das gekoppelt ist an eine günstige Konjunkturentwicklung, an die Zunahme von freier Zeit und ebenso an die Bereitschaft, für Freizeitgestaltung auch Geld auszugeben (HOFFMANN 1990).

Den Anstieg der Sportdienstleistungen führt auch Preuss auf gesamtgesellschaftliche Entwicklungen zurück. Die Hauptursache allerdings sieht er in einer stärker individuellen Nachfrage. Die Sportkonsumenten bevorzugen qualitativ hochwertige Produkte und individuell abgestimmte Dienstleistungen in komfortablen Anlagen mit „professioneller" Betreuung (PREUSS 1990).

Als Resultat kann festgehalten werden, dass die hier untersuchten Wandlungstendenzen im Freizeitbereich zweifellos eine gute Grundlage für die Aufwertung freizeitsportlicher Aktivitäten bieten. Notwendige Voraussetzungen hierfür sind ausreichende zeitliche und finanzielle Ressourcen. Gesundheitssportliche Aktivitäten können zumindest teilweise die Erwartungen, die allenthalben an Freizeitaktivitäten gestellt werden, erfüllen.

2.1.2 Wertewandel und Sport

Aus den bisherigen Ausführungen geht hervor, dass Sport als Subsystem der Gesellschaft offen und dynamisch ist. In diesem Verständnis reagiert das System des Sports empfindlich auf Wandlungsprozesse. Gesellschaftliche Veränderungen haben daher auch Differenzierungen im Sport zur Folge, denn beide Systeme stehen im engen wechselseitigen Beziehungsgeflecht. So sind die Ursachen für Veränderungen im Sport im großen Maße jene Faktoren, die einen Einfluss auf die Freizeit im Allgemeinen haben. Dazu zählt neben der Bedeutungsverschiebung zwischen Arbeit und Freizeit sowie der Ausdehnung der freien Zeit gegenüber der Arbeitszeit auch der gestiegene gesellschaftliche Wohlstand. Digel beschreibt den Sport als ein „ ... soziales System, das sich in einem vielfältigen Beziehungsgefüge zu anderen gesellschaftlichen Systemen mittels funktionaler Differenzierung fortlaufend verändert" (DIGEL 1990, 61). In diesem Sinne können die bisherigen Darstellungen der Sportlandschaft allenfalls Momentaufnahmen sein.

Der moderne Sport birgt als Subsystem, das in Abhängigkeit zu anderen Subsystemen wie Freizeit und Arbeit steht, demnach eine hohe

Dynamik in sich. Er hat sich mittlerweile aber auch selbst zu einem von hoher Komplexität gekennzeichneten System entwickelt. Prozesse mit folgenreichen Veränderungen in der Sportlandschaft werden in Anlehnung an den bereits beschriebenen gesellschaftlichen Wertewandel als *Wertewandel im Sport* bezeichnet (DIGEL 1990; RITTNER 1984).

Im traditionellen Sportverständnis, das bis Anfang der 80er Jahre fortbestand, wurde „Sport als geregelter Umgang mit dem Körper verstanden." Das sportliche Handeln war eindeutig reglementiert und leistungsbezogen, definierte Leistungsziele wurden auf unterschiedlichen Niveaus verfolgt. Der Wettkampf bzw. der Leistungsvergleich waren der organisatorische Höhepunkt. Die Voraussetzung für das Erreichen eines Leistungsziels war ein oft langwieriges, anstrengendes und hartes Training (HEINEMANN 1989).

Diese Leistungsorientierung verlieh dem Sport einen exklusiven Charakter. Das Image des Sports in der Öffentlichkeit war mit überdurchschnittlichen physischen Leistungen und besonderem Können verknüpft. „Der Sport" und „die Sportler". waren eine Klasse für sich. In diesem Bewusstsein musste der „Nicht-Sportler" zunächst Schwellenängste überwinden, um einem Verein beizutreten. Die „Einheitlichkeit des Sports" beinhaltete ein „homogenes Sportrollenverständnis" und eine „homogene Sportmoral", die auf Wertstrukturen wie Kameradschaft, Fairness, Bescheidenheit, Gemeinschaftssinn, Solidarität, Chancengleichheit, Hilfsbereitschaft etc. gründen (RITTNER 1984, 45).

Institutionalisiert hat sich dieser Sport im Verein, dessen Selbstverständnis eine Gesinnungs- oder Interessengemeinschaft ist. Die Ressourcen des Vereins sind freiwillige Mitgliedschaft, ehrenamtliche Verwaltung, Nutzung der staatlich gegebenen Infrastruktur sowie Spenden und Subventionen. Effizienzkriterien spielen bei dieser Form des Sports keine Rolle, er ist vielmehr ein öffentliches Gut (HEINEMANN 1989).

Ist von einem empirisch nachweisbaren Wandel im Sport die Rede, dann deshalb, weil eine Erweiterung der Sportartenpalette und die Vervielfältigung der Organisationsformen zu einer Ausübung des Sports als Massenbewegung geführt hat. Während der Vereinssport ca. 25-30 % der Bevölkerung anspricht, sind mittlerweile ebenso viele Menschen im nicht-organisierten Sport und in Angeboten der privaten

Sportanbieter engagiert. Den Anteil der Menschen, die keinen Sport betreiben, schätzt Naul auf 40 %, wahrscheinlich sind es aber mehr (NAUL 1992).

In einer Untersuchung stellt Jütting fest, dass bis zu 90 % der Befragten den Wunsch äußern, Sport zu treiben (JÜTTING 1990). Die hohe Wertschätzung des Sports in der Gesellschaft veranlasst Rittner zu folgender Interpretation: „Sport wird zum Bestandteil der Jedermann-Rolle". Durch die "Versportlichung der Lebensverhältnisse" wird der Sport zur „sozialen Norm" (RITTNER 1984, 48).

Der wachsende Stellenwert des Sports in der Gesellschaft hat neue „Inszenierungsformen" im Sport entstehen lassen. So dient der moderne Freizeitsport beispielsweise auch zur Darstellung des individuellen Lebensstils. Seinen Ausdruck findet dieser Impuls durch einen Zugewinn der ästhetischen Dimension, äußerlich bemerkbar an Turnschuhen, Sportpullovern, Sporttaschen, Sport-Accessoires usw. Die Ausprägung individualistischer Werte im Sport steht in engem Zusammenhang mit der Verkürzung der Zugangswege zum Sport. Dies geht nicht allein auf die zunehmende Zahl der Gelegenheits- und Aktivsportler zurück, sondern auch auf die Erfindung neuer Sportarten (OPASCHOWSKI 1986).

Die neuen Sportarten, wie Windsurfing, Paragliding, Freeclimbing oder Bungeejumping, stehen im Einklang mit den neuen Wertorientierungen und versuchen, individualistisch-hedonistischen Wünschen im Sport zu entsprechen. Die Formen des Sporttreibens vervielfältigen sich und führen das System des Sports, wie bereits unterstrichen wurde, zu einer nie dagewesenen Komplexität. Das gesamte System des Sports wird grundsätzlich offener. Dies schafft ganz neue Zugänge zum Sporttreiben (DIETRICH et al. 1990).

Die ursprüngliche „Selektivität" des Sports verliert immer weiter an Bedeutung, so dass neue Personengruppen, wie Senioren, Übergewichtige, Frauen oder Behinderte, verstärkt Zugang zum Freizeit- und Breitensport finden. „Danach sind Sportaktivitäten ohne Durchlaufen der klassischen Sportsozialisation möglich, ohne Übernahme der symbolisch gehaltvollen Sportrollen." (RITTNER 1985, 36)

Aufgrund von qualitativen Veränderungen in der Sportsozialisation werden neue Sportrollen ermöglicht. Durch die Isolierung und Selektion bestimmter Motive wird der Sport nun leichter zugänglich. Dabei fällt auf, dass die ursprünglich mit dem traditionellen Sport verbundenen Primär- oder Grundmotive, wie Leistung, Spaß und Gesundheit, einer Differenzierung unterliegen. Sie erfahren in neuen Organisationsformen und Sportarten eine weitgehende Aufwertung. Das früher herausragende Leistungs-Motiv verliert im Freizeit- und Breitensport an Attraktivität, so dass bei manchen Fachautoren von einer *Entsportlichung des Sports* oder vom *nicht-sportlichen Sport* die Rede ist (RITTNER 1984; HEINEMANN 1989; NAUL 1992). Spaß, Spontaneität und soziale Kontakte werden statt dessen im Sport nachgefragt und „ ... darüber hinaus tragen seine neuen Mitglieder, besonders Frauen und ältere Menschen, ihre Interessen und Bedürfnisse in ihn herein" (GRUPE 1988, 48). Während das Spaß-Motiv im traditionellen Sport in symbiotischer Beziehung zur Leistung, wenn auch in konturierten Normen, stand, hat es sich mit der Veränderung des Sportverständnisses verselbständigt. So gewinnt beispielsweise die Animation im Freizeitsport eine größere Rolle.

Rittner sieht daher eine *Entdisziplinierung des Sports*, die ihrerseits „vagabundierenden Sportinteressen" Vorschub leistet. Sie trachten nach hedonistischen Wertorientierungen und verlangen nach Genuss, Abenteuer, Spannung, Abwechslung und dem Ausleben emotionaler Bedürfnisse (RITTNER 1984).

Neben der Spaßorientierung sorgen auch die Selektion und Aufwertung des Gesundheits-Motivs für Innovationen im Sport. Sportliche Neuerscheinungen wie Aerobic, Fitness, Jogging oder Walking werden nicht zuletzt durch das Gesundheits-Motiv mitgetragen. Aber auch traditionelle Sportarten, wie Schwimmen, Radfahren, Gymnastik, werden unter gesundheitlichen Aspekten wieder belebt. Der Markt wird nicht länger von traditionellen Sportarten beherrscht, die auf Leistung und Wettkampf ausgerichtet sind, sondern von einer unüberschaubaren Anzahl kommerzieller Anbieter, die versuchen, die vielfältigen Bedürfnisse und Wünsche der Menschen zu befriedigen. Ein attraktives Angebot sind dabei vor allem die Fitness-Clubs mit ihren flexiblen Teilnahmeformen und ihrer visuellen Ausstattung (PALM 1988). Sie können die Wünsche nach „expliziter Körperformung, individueller Autonomie sowie individueller Gesundheit" erfüllen (RITTNER 1988, 82).

Spaß, Gesundheit, Fitness, Ausgleich, Wohlbefinden und gutes Aussehen zählen zu den heute vorherrschenden Werten im Sport. Modernität, Leistungsfähigkeit und individuelle Autonomie lassen sich am Demonstrationsobjekt Körper ablesen. „Der Körper dient der individuellen Sinnfindung und wird zum Statusmerkmal, dessen Formung sich an den Werten der veränderten Körperkultur von Jugendlichkeit, Fitness, Schlankheit, Beweglichkeit und Sportlichkeit entsprechend orientiert" (RITTNER 1988, 91). Gesundheit und Fitness sind zu neuen Idealen unserer Industriegesellschaft geworden.

2.1.3 Wertewandel und Nachfrage nach Gesundheit

Mit der Entwicklung des Wirtschaftssystems zum Industriekapitalismus ging eine zunehmende Technisierung einher, in deren Folge ein Rationalisierungsprozess eingesetzt hat mit dem Ziel, eine höhere Produktivität sowie eine bessere Kapitalanwendung in der Industrie zu schaffen. Aus dieser Zielsetzung erwachsen erhebliche Veränderungen für den einzelnen Menschen. Zum einen sind die bereits angesprochenen positiven Auswirkungen dieser Entwicklung, wie ein erhöhter Lebensstandard, wachsender Konsum, Arbeitserleichterungen und vor allem vermehrte Freizeit für Jedermann, zu nennen. Andererseits hat der Industrialisierungsprozess ebenso auch große Probleme geschaffen, so beispielsweise die körperliche Inaktivität und den Bewegungsmangel beim Arbeitsablauf. Das Bild wird komplettiert durch den psycho-sozialen Stress aufgrund der emotionalen Verarmung am Arbeitsplatz sowie einer überreizten Umwelt (KÄHLER 1986).

Dieser Komplex aus Inaktivität, Lebensführung und Umweltbedingungen bereitet den Boden für die Entstehung der heutigen Zivilisationskrankheiten. Dazu zählen Erkrankungen des Bewegungsapparates, psychische Störungen, Diabetes, Hypertonie, Fettstoffwechselstörungen sowie Herz-Kreislauf-Erkrankungen. Die Angst der Menschen vor den Zivilisationskrankheiten hat zu einem flächendeckenden Gesundheitsbewusstsein geführt. Da diese Zivilisationskrankheiten in großem Maße von der individuellen Lebensweise abhängen, sind sie dementsprechend auch subjektiv beeinflussbar, so dass die Gefahr einer etwaigen Erkrankung mit Hilfe einer gesunden Lebensführung drastisch reduziert werden kann. Die Einsicht, dass die Verantwortung für Gesundheit und Krankheit beim Einzelnen liegt, hat die Nachfrage nach Gesundheit und gesundheitssichernden Aktivitäten erhöht (RITTNER 1988).

„Überall werden Gesundheitszentren gegründet; die Medien überschlagen sich in Gesundheitsrezepten: nichts scheint sich leichter verkaufen zu lassen als Gesundheit. Man spricht nicht umsonst von einer Gesundheitsbewegung, die sich in Abgrenzung zu Krankenversorgung und Heiltechnik aufzubauen beginnt" (MÖNNICH 1993, 9).

Hochkonjunktur haben dementsprechend Waren mit gesundheitsversprechendem Charakter. Die Gesundheit repräsentiert das *höchste Gut*. Sie ist Ausdruck für die individuelle Glücksfähigkeit eines Menschen und avanciert zum Statussymbol (MRAZEK/RITTNER 1986).

Für den Bedeutungszuwachs der Gesundheit in der Gesellschaft sprechen folgende Argumente:

- Körperentfremdung im Alltag und Arbeit durch Rationalisierung und Abstrahierung
- Ätiologie der Zivilisationskrankheiten
- Öffentliche Diskussion ökologischer Fragen bzw. Problemstellungen

Die Tatsache, dass das Ideal der Gesundheit eine immer größere Zustimmung erfährt und Gesundheit das höchte Gut in der Gesellschaft darstellt, hat seinen Ursprung nicht zuletzt auch darin, dass die materiellen und leistungsorientierten Werte, für deren Erlangung die Gesundheit eine notwendige Grundlage ist, noch immer eine wesentliche Rolle spielen. Eine gute materielle Absicherung und Versorgung schafft andererseits eine gute Basis für ein gesteigertes Gesundheitsbewusstsein.

Eine weitere Ursache für das gestiegene Gesundheitsbewusstsein der Bevölkerung ist auch das verbesserte Bildungsniveau. Dieses führt dazu, dass sich immer mehr Menschen medizinische Grundkenntnisse aneignen und sich zutrauen, ihre Gesundheit in die eigene Hand zu nehmen (BACHMANN 1994).

Ein wesentlicher Grund für die steigende Nachfrage nach Gesundheit in der Bevölkerung ist sicherlich auch der Wunsch der Menschen, die

Lebensqualität zu steigern. Dies gilt auch für die älteren Generationen, die einer wachsenden Lebenserwartung entgegen sehen. Diese stellt nur dann einen wirklichen Gewinn für Ältere dar, wenn körperliche Beschwerden nicht das Leben bestimmen.

Die Nachfrage nach Gesundheit führte u. a. gegen Ende der achtziger Jahre zu einer wesentlichen Veränderung des Gesundheitswesens – es wurde der Ruf nach präventiver statt kurativer Ausrichtung des Gesundheitssystems laut. 1989 wurde beispielsweise den gesetzlichen Krankenkassen eine besondere Rolle bei der Prävention und Gesundheitsförderung zugedacht, als gesetzliche Grundlage diente § 20 SGB V (EBERLE 1993). Danach war es den Krankenkassen erlaubt, die Teilnahme ihrer Mitglieder an gesundheitsfördernden Leistungen, wie z. B. Wirbelsäulengymnastik oder Rückenschulen privater Anbieter, finanziell zu unterstützen oder voll zu finanzieren. Im Zuge der „Kostenexplosion" im Gesundheitswesen und in der Folge des ersten und zweiten Neuordnungsgesetzes 1995-1996 kam es zur Neufassung des § 20 SGB V mit der Folge, dass gesundheitsfördernde Leistungen nicht mehr von den Krankenkassen getragen werden können. Betroffene müssen diese Leistungen selbst finanzieren. Wie sich diese Gesundheitsreform auf das Gesundheitsbewusstsein der Bevölkerung im Allgemeinen und auf den Gesundheitssport im Besonderen auswirken wird, bleibt abzuwarten. Es besteht jedoch berechtigte Hoffnung, dass das erreichte Niveau des Gesundheitsbewusstseins nicht absinken wird.

2.1.4 Wertewandel und Individualisierung

Durch den Anstieg der individuellen Dispositionsfreiheit erfolgte gemeinsam mit dem Wertewandel ein Wandel des Lebenstils. Heinemann beschreibt diesen Prozess als „Individualisierung und Differenzierung" (HEINEMANN 1989, 25). Traditionelle Werte und Normen wie Ehe, Familie oder Religion verlieren währenddessen immer stärker ihre Bindungskraft: „Individualisierung und gleichzeitig Körperthematisierung sind der Versuch in einer Zeit, in der traditionelle Sinninstanzen an Bedeutung verlieren und in der Gesundheit immer problematischer wird, d. h. die eigene Identität immer schwerer zu erfahren und aufrechtzuerhalten ist, sich am eigenen Körper aber diese Identität zu versichern" (MRAZEK 1988, 199 ff.).

Für die eigene Identität stellt die Tatsache, dass die berufliche Rolle an Gewicht verliert, ideologische Werte an Nachdrücklichkeit verlieren und die Menschen gezwungenermaßen mehrere Rollen im Wechsel spielen müssen, ein belastendes Moment dar. Es gibt für den Einzelnen kein sicheres Gefühl mehr, „in allen Situationen man selbst zu sein" (MRAZEK 1986, 374). Die einzige Konstante in jeder Situation bleibt für den Menschen nur der eigene Körper, auf den er sich immer stärker zurückbesinnt (MRAZEK 1986). Verständlich ist daher der ständige Versuch der Menschen, sich über ihre(n) Körper(hüllen) eine Identität aufzubauen. „Die Arbeit am eigenen Körper wird zur Arbeit an der eigenen Identität" (MRAZEK 1988, 199). Die Kehrseite dieser Sensibilisierung dem eigenen Körper gegenüber ist die wachsende Unzufriedenheit über die Körperpassivität (OPASCHOWSKI, 1987).

Über das Körperbewusstsein bzw. über die Motivation zur sportlichen Aktivität schrieb Mrazek vor über einem Jahrzehnt, dass sportliche Aktivität Identifikation mit sich selbst bedeutet und ein hohes Maß an Zufriedenheit mit sich selbst und dem eigenen Körper verleiht (MRAZEK 1984). Die Menschen wollen etwas für sich und ihren Körper tun, um auf diesem Wege ihr eigenes *Ich* zu finden, ihren Körper wahrzunehmen und kennenzulernen und dies auf bequemstem und leichtestem Wege. Sie wollen dabei selbst entscheiden über Zeitpunkt, Dauer, Häufigkeit und Ort des Sporttreibens innerhalb ihrer frei verfügbaren Zeit. Gerade für diese Personengruppen eignen sich Fitness-Clubs, da sie der Ich-Darstellung dienen. Dort können sie Angebote wahrnehmen, die individuell auf ihre Bedürfnisse abgestimmt und zeitlich variabel sind (RITTNER 1986).

Die Verherrlichung des Körpers und die Propagierung der Gesundheit als eine zu erbringende Leistung bergen aber auch Gefahren: Das Dogma Gesundheit kann leicht zum Terror werden und die gegenwärtige Körperaufwertung wird zur Körperfalle (RODIN 1993). Beckers stellt deshalb kritisch die Frage, ob die mit den Etiketten Gesundheit, Wohlbefinden oder Ganzheitlichkeit versehenen Konzepte weniger zur Wiederentdeckung des Körpers dienen, als vielmehr die Funktionalisierung des Körpers vollenden helfen: „Daher sollte man sich hüten, allein aus der Tatsache der Betonung des Körpers bereits die Renaissance eines humanen Individualismus zu folgern. Auch in der gegenwärtigen Fitness-Bewegung dient der Körper vor allem als Symbol, als Attribut des Erfolgs, das öffentlich präsentiert wird – es

geht nicht mehr um die Entfaltung individueller Leiblichkeit, sondern
der Körper wird instrumentalisiert." (BECKERS 1988, 161)

Aufgrund der zunehmenden Körperdistanzierung in den modernen
Industriegesellschaften durch fortwährende Technisierung bereitet der
Körper Probleme, die nur durch die erneute Hinwendung zum Körper
gelöst werden können. Bette bezeichnet dies als „simultan ablaufende
Steigerung von Körperverdrängung und Körperaufwertung im Rah-
men der modernen Gesellschaft" (BETTE 1989, 16). Nur in modernen
Gesellschaften ist dieses ambivalente Verhältnis zum Körper möglich:

„Dieser paradoxe Sachverhalt bezieht sich auf die Behandlung des
Körpers als Thema gesellschaftlicher Kommunikation einerseits und
auf die gesellschaftliche Inanspruchnahme des Körpers als physisch-
organische Einheit andererseits." (BETTE 1989, 16)

2.2 Fitness als Begriff

Die Berichterstattung und damit die Information über Fitness in den
Medien hat im letzten Jahrzehnt deutlich zugenommen. Die Schöp-
fung von neuen Fitness-Begriffen hat immer wieder neue Aspekte des
Phänomens *Fitness* zu Tage treten lassen. In der Fachliteratur sind
unterschiedliche Versuche unternommen worden, den Begriff der
„Fitness" zu beschreiben. Ein Grund für die schwierige Eingrenzung
liegt wohl darin, dass im Laufe der vergangenen Jahrzehnte im Zuge
des allgemeinen Wandels auch *Fitness* einen Bedeutungswandel erlebt hat. Während mit „Fitness" früher hauptsächlich die Funktions-
tüchtigkeit des Körpers bei Belastung gemeint war, ist der Fitness-
Begriff heute vieldeutiger. Er beinhaltet die körperliche Komponente,
subjektive Aspekte sowie psychische und soziale Dimensionen. Zugleich bedeutet er aber auch Gesundheit, Modernität, Erfolg und gesellschaftliche Akzeptanz.

Ursprünglich stammt das Wort *Fitness* aus dem Angelsächsischen
und bedeutet Eignung, Fähigkeit, Tauglichkeit, Gesundheit oder gute
Form (WILLMANN et al. 1985). Durch den Einfluss aus den USA
haben Fitness und ihre praktische Umsetzung in unterschiedlichen
Institutionen bisher eine unbeschreibliche „Karriere" gemacht. Wie viel-

schichtig dieser Begriff ist, zeigt der folgende Katalog von Definitionen, die im Zeitraum von 1971 bis heute entstanden sind.

Schönholzer betont bei seiner Definition vor allem die körperliche Komponente des Fitness-Begriffs: „Der richtig verstandene Begriff Fitness umfaßt (...) eine gute körperliche Leistungsfähigkeit in harmonischer Ausgewogenheit ihrer Elemente: der Muskelkraft, der lokalen und allgemeinen aeroben und anaeroben Kapazität und der psychomotorischen Fähigkeiten (...)" (SCHÖNHOLZER 1971, 10).

Röthig hebt die soziale und psychische Komponente der Fitness hervor: „Fitness bezeichnet allgemein die Lebenstauglichkeit des Menschen sowie dessen aktuelle Eignung für beabsichtigte Handlungen. In diesem Sinne umfaßt die Fitness eines Menschen alle Persönlichkeitsdimensionen und Handlungsfelder. Präzisierungen dieser allgemeinen Zielsetzung sind abhängig von der Analyse der herrschenden Lebensbedingungen bzw. spezifischen Situationen und den Lebenskonzepten der Personen sowie der Gesellschaft" (RÖTHIG 1983, 134).

Bittorf rückt die wechselseitige Beziehung des *fit* und *schön* in den Mittelpunkt seiner Definition, wobei er diese Kombination mit dem weiblichen Geschlecht verknüpft: „Denn 'schön' ist von 'fit' nicht mehr zu trennen, 'fit' wird zur unerläßlichen Vorbedingung für 'schön'. Mehr noch, Fitness ist drauf und dran, sich selbst zum neuen weiblichen Schönheitsideal zu krönen (...)" (BITTORF 1985, 204).

Als ein beeinflussbares Merkmal betrachten Mrazek und Rittner die Fitness. Sie verbinden mit „fit sein" Eigenschaften wie aktive Freizeitgestaltung, regelmäßig Sporttreiben, gesunde Ernährung und schlankes Aussehen (MRAZEK/RITTNER 1986).

Opaschowski sieht die Fitness als altersunabhängige körperliche Verfassung: „Fitness gilt als die Bestform körperlicher Verfassung, die keine Frage des Alters ist" (OPASCHOWSKI 1987, 26).

Cotta legt bei seiner Beschreibung Wert auf den Zusammenhang von körperlicher Verfassung und psychischer Ausgeglichenheit: „Fitness ist also der Sammelbegriff für: Ausdauer und Stärke der Muskulatur, Ausdauer des Herz-Kreislauf-Systems, Anpassungsfähigkeit und vor allem psychischer Harmonie" (COTTA 1988, 41).

Als Zwischenbilanz lässt sich an dieser Stelle sagen, dass der Fitness-Begriff primär ein subjektiver ist. Der Mensch muss den Anforderungen des täglichen Lebens stand halten und Stress verarbeiten können. Die Definition Cottas zeigt, dass Fitness die Fähigkeit konnotiert, sich mit der sozialen Umwelt auseinandersetzen zu können. Voraussetzung ist ein individuelles Maß an körperlicher Leistungsfähigkeit, für die keine objektiven medizinischen Maßgaben gelten.

„Ein gesunder Mensch muss nicht unbedingt fit sein, dagegen kann ein kranker eine gute körperliche Leistungsfähigkeit aufweisen, wie wir es beispielsweise bei den Wettkämpfen der Querschnittsgelähmten bestätigt finden. Fitness schließt die Fähigkeit der optimalen Auseinandersetzung des Menschen mit seiner Umwelt ein, sei es spielerisch oder im Existenzkampf" (COTTA 1988, 40).

Die oben genannten Begriffsbestimmungen stimmen insofern überein, als Fitness als Sammelbegriff für körperliche Leistungsfähigkeit gleichbedeutend ist mit psychischem bzw. allgemeinem Wohlbefinden, wobei soziale und emotionale Komponenten eingeschlossen sind. Fitness erscheint daher als ein komplexes Persönlichkeitsmerkmal und präsentiert sich in gewissem Sinn als Ideal der modernen Industriegesellschaften. Sie gilt als Synonym für Erfolg und gesellschaftliche Akzeptanz (MRAZEK 1988).

Pramann versteht unter Fitness das Abhängigkeitsverhältnis von gutem Aussehen, Körperbewusstsein und Geisteskraft: „Fitness, ein Zauberwort (...) fit bedeutet das Gegenteil von fett (...) Fitness heißt geistige Spannkraft, Körperbewußtsein – nach was aussehen (...)" (PRAMANN 1988, 86).

Im gleichen Tenor heißt es bei Lemmens: „Fitness definiert sich (...) als ein Zustand köperlichen, geistigen und seelischen Wohlbefindens kombiniert mit einer optimalen Leistungsfähigkeit (...)" (LEMMENS 1989, 3).

Der Brockhaus definiert den Fitness-Begriff nur über die Komponente Leistungsfähigkeit durch Sport: „Fitness - gute körperliche Verfassung, Leistungsfähigkeit (durch sportliches Training)" (BROCKHAUS 1988, 345). Ähnlich heißt es im Duden: „Fitness – gute körperliche Verfassung, Leistungsfähigkeit (aufgrund eines planmäßig sportlichen

Trainings), sich durch Ausgleichssport seine Fitness erhalten" (DROSDOWSKI et al. 1989, 512).

In der Zeitschrift „Sport Test" wird Fitness als eine Art psychischer und physischer Schutzschild gegen die Anforderungen des Alltags dargestellt: „Fit sein ist jener beneidenswerte Zustand, der es uns erlaubt, den mannigfachen Anforderungen unseres täglichen Lebens sowohl in physischer, als auch in psychischer Hinsicht ohne größeren Substanzverlust gerecht zu werden" (SPORT TEST 1989, 76).

Die Weltgesundheitsorganisation (WHO) definiert Fitness als „Wohlbefinden im psychischen, physischen, intellektuellen und sozialen Bereich" (GROSSHANS 1989, 70).

Nach Mrazek/Rittner beinhaltet heute der Begriff „Fitness" allgemein erstrebenswerte Werte, wie Gesundheit, Attraktivität, Erfolg, Jugendlichkeit, Modernität und Dynamik. Ein Zeichen von Fitness ist ein schlanker, beweglicher und geformter Körper, der nach außen dargestellt und von der Gesellschaft begrüßt wird (MRAZEK/RITTNER 1989).

Hollmann/Hettinger verstehen Fitness als eine trainierbare Eigenschaft, die der Gesundheit dient. Fitness macht sich einerseits objektiv durch ein bestimmtes Maß an körperlicher Leistungsfähigkeit und andererseits subjektiv durch allgemeines Wohlbefinden im psychischen, physischen, emotionalen und sozialen Sinn bemerkbar. Die psychische Komponente bedeutet Spannungsregulierung, Alltagsbewältigung und Stressvermeidung, während die körperliche Komponente die Hauptbeanspruchungsformen Ausdauer, Kraft und Beweglichkeit bezeichnet (HOLLMANN/HETTINGER 1990).

Grupe/Krüger erweitern die Definition von Fitness über den Begriff der Gesundheit hinaus: „Fitness ist mehr als Gesundheit: Sie symbolisiert Lebenskraft, Stärke und Leistungsfähigkeit, eine Allroundfähigkeit, die im Sport besonders nachgefragt wird" (GRUPE/KRÜGER 1990, 19).

Auch Rösch sieht eine enge Verbindung des Fitness-Begriffs zur Gesundheit. Durch eine bessere körperliche Verfassung soll Fitness die physische und psychische Leistung steigern. In der Folge werden

damit auch ganz allgemein der berufliche und soziale Erfolg beeinflusst (RÖSCH 1993).

Beuker seinerseits definiert Fitness wie folgt: „Fit sein heißt den Anforderungen der Gesellschaft ohne negative Komplikationen entsprechen und für sich die Möglichkeiten der Gesellschaft problemlos nutzen zu können" (BEUKER 1993, 6).

Stamford/Shimer unterstreichen die psychische Komponente des
Terminus: „Bei der Fitness geht es um die psychische Widerstands-
fähigkeit und die Fähigkeit, den alltäglichen Streß zu verarbeiten"
(STAMFORD/SHIMER 1993, 22).

Opaschowskis Definition verdeutlicht die zentrale Bedeutung der Fitness im Leben des modernen Menschen: „Fitness hat für viele aufge-
hört, eine bloße Freizeitbeschäftigung zu sein. Fit sein bedeutet nicht
zuletzt Identifikation mit sich selbst, Garantie für Selbstwertgefühl,
Medium für Lebenserwartung und Lebenssinn. Fitness ist die Sensibilisierung für die eigenen körperlichen Fähigkeiten, für das Sich-
wohlfühlen in der eigenen Haut, für Körpergenuß und höhere Lebensfreude" (OPASCHOWSKI 1994, 16).

Die oben dargestellte Vielfalt der Definitionen zeigt die Komplexität
und Variabilität des Sammelbegriffes „Fitness". Herausragend sind
aufgrund ihrer allumfassenden Explikation die Definitionen der WHO
(1989) sowie die Darstellungen von Hollmann/Hettinger (1990) und
Opaschowski (1994).

Zusammenfassend lässt sich als eine Art gemeinsamer Nenner aller
Begriffsbestimmungen formulieren: „Fitness ist Lebensqualität,
Selbstverwirklichung und Leistungsfähigkeit im physischen, psychi-
schen, geistigen und sozialen Sinne".

2.3 Entwicklung der Fitness-Bewegung

Das Training an „Bewegungsmaschinen" und damit das Training am
Körper im Sinne des Bodybuildings begann im 18. Jahrhundert. Die
Geräte dienten allerdings primär medizinischen und heilmethodischen

Zwecken und standen ausschließlich einer kleinen Minderheit des Bürgertums zur Verfügung.

In der Folge der Gymnastikbewegung um 1780 und der von Jahn in Deutschland initiierten Turnbewegung um 1811 begann erstmalig auch in Schweden eine eher gesundheitlich-funktionelle Ausrichtung der Sportbewegung. Man begann dort auch mit der Entwicklung spezieller Geräte und Maschinengruppen. Zander, ein schwedischer Arzt, konstruierte vor 1900 die ersten Kraftmaschinen, die in Krankenhäusern zunächst in der Rehabilitation verwendet wurden (WÜRZBERG 1987).

Kurz vor der Jahrhundertwende wurden dann die ersten Maschinen zum isolierten Training einzelner Muskelgruppen aus Schweden in die Badeorte anderer Länder exportiert. Ihr vorrangiger Verwendungszweck war der Kraftaufbau. Etwa zur gleichen Zeit wurden neben Zanders „medico-mechanischen Instituten" auch die ersten Kraftstudios gegründet: „Es handelte sich um kommerzielle Trainingsstudios, in denen gegen einen Monatsbeitrag unter fachkundiger Anleitung Männerkörper durch Hanteltraining gestärkt wurden." (WÜRZBERG 1987, 90)

Das griechische Ideal des muskulösen Körpers erlebte damals eine Renaissance und erfuhr eine Unterstützung durch die Wiedereinführung der Olympischen Spiele 1896 in Athen. Der erste Athleten-Club in Deutschland wurde 1879 in Hamburg gegründet, 1882 folgten schließlich auch Clubs in Köln und Frankfurt (BREDENKAMP 1993).

Das erste deutsche kommerziell betriebene Kraftstudio wurde im Jahre 1902 von dem Ringertrainer Theodor Siebert in Alsleben an der Saale eröffnet. Allerdings hatten die Besucher dieser Kraftschulen wenig Ähnlichkeiten mit den heutigen Bodybuildern, denn es handelte sich um Gewichtheber, Ringer und andere Kraftsportler, denen es in erster Linie um Höchstleistungen ging, das Aussehen ihres Körpers war für sie zweitrangig.

Das Bodybuilding im modernen Sinn hatte seine Anfänge in den 30er Jahren in den USA, als kalifornische Bodybuilder Kraftmaschinen aus asymmetrischen Rollen und Nocken entwickelten und diese zum Krafttraining einsetzten (WEBSTER 1979). Mit der Entwicklung der ersten Nautilusgeräte nahm anschließend die Großproduktion von Fitnessmaschinen in Kalifornien ihren Lauf (EMRICH 1992).

Die USA waren 1940 auch Schauplatz der ersten Bodybuilding-Meisterschaften. Erst in den 50er Jahren erreichte das sogenannte Bodybuilding schließlich auch Deutschland. Die ersten Bodybuilder kamen aus den Kraftsportarten Gewichtheben und Ringen. „Bis Ende der 50er Jahre war Bodybuilding eine extrem kleine Sportart mit einer Art Kultcharakter ... ", die den Spott der breiten Massen auf sich zog (EVERSON 1988, 66).

Es gab kaum Verständnis dafür, dass ein Mensch nur des Aussehens wegen und nicht für eine sportliche Höchstleistung trainierte. Die Muskelprotze waren wegen der Verherrlichung ihres Körpers vielen eher suspekt. Erst nachdem die amerikanischen Athleten durch ein gezieltes Krafttraining bei den 0lympischen Spielen 1956 in Melbourne ihre Leistung sprunghaft steigern konnten, nahm auch in Deutschland die Zahl von Krafträumen rasant zu. Was zunächst mit selbstgebauten Hanteln in dunklen Kellergewölben begann, entwikkelte sich in der darauf folgenden Zeit zur modernen Freizeitbeschäftigung Bodybuilding (BEDNAREK 1984).

„In den 60er und 70er Jahren erlebten sportliches Krafttraining und Bodybuilding eine regelrechte Renaissance" (EVERSON 1988, 66). Viele Sportler erkannten nun auch den sportlichen Nutzen eines umfassenden Krafttrainings, darüber hinaus wurden ebenso auch seine präventive und rehabilitative Wirkung erkannt und geschätzt. Die reinen Bodybuilder wurden jedoch auch weiterhin wegen einseitig ausgebildeten und unbeweglichen Körperformen und ihres übertriebenen Trainings belächelt. Noch heute gelten Bodybuilder als körperlich stigmatisierte Normalabweichler mit einer ganzen Reihe unterstellter negativer Eigenschaften. So werden sie als Exhibitionisten und Narzissten angesehen, als dumme, eitle und monströse Prahlhanse, die noch dazu impotent sind oder homosexuelle Tendenzen zeigen (BEDNAREK 1984; HONER 1985). Untersuchungsergebnisse konnten diese Beschreibungen jedoch als gegenstandslos hinstellen. So konnte Darden in seiner Studie keine wesentlichen Unterschiede in der Persönlichkeitsstruktur von Bodybuildern und anderen Sportlern nachweisen (DARDEN 1972, zitiert in: BEDNAREK 1984).

Es waren Muskelmänner wie Arnold Schwarzenegger oder Sylvester Stallone, die dem Bodybuilding mit Hilfe der Medien Publicity verschafften und das öffentliche Interesse an dieser Sportart steigerten. Der Aufstieg des Bodybuildings zum Freizeitphänomen wurde neben dem gesellschaftlichen Wertewandel von den Medien begleitet, z. B. durch Comic-Strips oder Muskelfilme wie Tarzan oder mythische Helden der Antike und der Zukunft (BEDNAREK 1984).

Aus den USA wurde die moderne Fitness-Bewegung bereits in den siebziger Jahren nach Europa und auch nach Deutschland getragen. Die Branche entwickelte sich allerdings nur langsam, da das kommerzielle Geschäft mit dem Sport für die Sportnachfrager weitgehend unbekannt war. Noch standen die traditionellen Sportmotive und Ideale im Mittelpunkt des Sportinteresses (KAMBEROVIC 1994). Die ersten hochmodernen Nautilus-Trainingsmaschinen von Arthur Jones zu Beginn der 70er Jahre läuteten das moderne Zeitalter des Fitness-Sports ein. In Deutschland leistete besonders Josef Schnell Pionierarbeit, als er 1969 die erste Kraftmaschine produzierte (SCHURBOHM 1986).

Die neuen Muskeltrainingsmaschinen hatten eine bahnbrechende Neuerung ermöglicht: Ohne Verletzungsgefahr konnten mit einfachsten Bewegungsabläufen, ganz isoliert und gezielt, einzelne Muskelgruppen in allen Richtungen und mit unterschiedlichen Belastungen trainiert werden. Dem Erfindungsreichtum waren von diesem Zeitpunkt an keine Grenzen mehr gesetzt. Der Markt wurde mit neuen Fitness-Geräten geradezu überschwemmt. Heute sind High-Tech- und Computer-Trainingsmaschinen eine Selbstverständlichkeit.

Den entscheidenden Aufschwung erlebte die Fitness-Bewegung in den 80er Jahren. Diese stärkste Entwicklungsphase der heutigen Fitness-Clubs ist nicht zuletzt auch auf die äußerst populäre Aerobic-Welle zurückzuführen. Sie war Anlass für die Gründung vieler neuer Fitness-Clubs. Diese Revolution in der Fitness-Branche hatte zugleich einen Rückgang des Bodybuildings zur Folge und führte sowohl zu Umstrukturierungen im Fitness-Club selbst als auch zur Öffnung gegenüber neuen Zielgruppen (MRAZEK/RITTNER 1989).

Der Erfolg des Fitness-Sports gründet auf gesellschaftliche Veränderungen zugunsten von hedonistischen Verhaltensweisen, die das Leistungs-Motiv immer stärker verdrängen (DIGEL 1986). Als Teil der neuen Bewegungsangebote entspricht Aerobic dabei dem neuen Sportbedürfnis und deckt gleich eine ganze Vielfalt von Wünschen ab. Es stehen nicht nur Spaß und Wohlbefinden im Vordergrund, sondern auch ganz gezielte Bedürfnisse wie *Schönheit* und *Vitalität, Ehrgeiz* oder *Gestaltungswille* im Hinblick auf Körperformung (ABRAHAM et al. 1990). Die modische Aufmachung der Gymnastik entspricht dem neuen Gesellschaftsbild. Die Gymnastik im klassischen Sinne gilt als überholt; sie musste einer neuen attraktiveren Form der Gymnastik weichen.

Die von bekannten Filmstars, wie Jane Fonda, vermarktete Aerobic zog viele Frauen an. Zwar schlägt Aerobic heute nicht mehr ganz so hohe Wellen, aber sie hat sich als fester Bestandteil der Kursprogramme in Fitness-Clubs etabliert. Dies wird auch an der Entwicklung neuer abgewandelter Formen, wie z. B. Step-Aerobic, sichtbar. Auch weiterhin gilt Aerobic als „Garant für aktuellen Lebensstil und In-sein" (ABRAHAM et al. 1990, 215).

Aerobic gilt als maßgeschneidert für weibliche Bedürfnisse und erhebt den Körper zum Prestigeobjekt. Aus diesem Grund werden die Frauen verstärkt in die Fitness-Clubs gelockt und dringen damit in eine Männerdomäne ein. Sie bewirken mit dieser Nachfrage eine Wandlung der reinen Bodybuilding-Studios in Fitness-Clubs. Das neue Körperbewusstsein und Selbstwertgefühl der Frauen drückt sich nun in der Leistungsfähigkeit des eigenen Körpers aus (ABRAHAM et al. 1990).

Kamberovic zufolge „erreichte die Fitness-Bewegung 1984 bis 1986 den stärksten Zulauf; in diesen drei Jahren entstanden bundesweit, absolut gesehen, die meisten Fitness-Anlagen" (KAMBEROVIC 1994, 11). Wurden 1980 in Deutschland nur 200 Clubs gezählt, waren es 1986 schon über 4000 (PALM 1989). Nach Angaben des Deutschen Sportstudio Verbandes (DSSV) waren es Ende 1996 bundesweit 5500 Anlagen, in denen 3,4 Mio. Menschen trainierten, mit einer leichten Überzahl von Frauen (52 %). Der Großteil der Mitglieder (80 %) gehört der Gruppe der 20-40-Jährigen an. (Auskunft DSSV Dezember 1996)

Die Aerobic-Welle hat in ihrem Verlauf eine neue Ära für den Fitness-Sport eingeläutet, doch bis heute sind die Fitness-Clubs ihren zwielichtigen Ruf nicht vollkommen losgeworden. Stempers Sicht des

Status quo sieht dennoch zuversichtlich aus: „Die Urzeiten der Fitness-Studios, diese Eisenbieger-Kammern, dunkler Raum, nicht aufgeräumt mit selbstgebauten Geräten, wo überwiegend Muskelaufbau trainiert wurde, sind endgültig vorbei!" (STEMPER 1993, 20 ff.).

Die Mitglieder eines Fitness-Clubs stellen heute sehr unterschiedliche Ansprüche und damit den Betreiber vor eine große Herausforderung. Diese Marktentwicklung führt generell zu einem Qualitätswettbewerb unter den Club-Betreibern. Der Mitgliedergewinn und -erhalt ist nicht mehr länger ausschließlich eine Frage des sportlichen Angebots, sondern auch der professionellen Einrichtung und der Qualität der Geräte (PALM 1988).

Daraus ergeben sich vollkommen neue Aufgaben für die Club-Betreiber. Außer dem effizienten Gerätetraining an Kraftmaschinen und Cardio-Geräten besteht eine breite Angebotspalette an Gymnastikkursen. Eine Selbstverständlichkeit sind heute auch Entspannungsangebote, wie Sauna, Solarium und Erfrischungsbar. Auch multifunktionale Freizeitzentren bieten mittlerweile neben Squash, Badminton, Tennis oder Klettern immer öfter auch Fitness-Sport an.

Die Bindung der Mitglieder an ihren Club hängt in hohem Maße davon ab, wie stark ihre Bedürfnisse angesprochen werden. Je stärker diese Bedürfnisse in einer Fitness-Anlage gleichzeitig angesprochen werden, desto größer ist auch die Bindung der Mitglieder, weil sie die Möglichkeit erhalten, ihre freie Zeit in mehreren Leistungsdimensionen zu verbringen und bei einem Motivationsverlust auf einen anderen Angebotsbereich auszuweichen.

Auch die Qualität der Ausstattung und des Mitarbeiterpotentials in Fitness-Clubs hat sich in den letzten vier bis fünf Jahren maßgeblich erhöht: „Das Niveau der Anlagen (...) und die Qualifikation der Mitarbeiter, als auch das Management haben sich entscheidend gebessert. Fitness wird zunehmend 'salonfähig' (...)" (KAMBEROVIC/HASE 1994, 60).

Eine Weiterentwicklung auf dem Fitness-Markt ergibt sich zunehmend durch die Kooperation von Fitness-Clubs und Krankenkassen. Hierin liegen Chancen, ein bisher unerreichtes Mitgliederpotential für die Fitness-Clubs zu erschließen. Auch wenn gerade jetzt im Zuge der Gesundheitsreform Sparen angesagt ist, so sollte trotzdem mit Blick auf die zukünftige Existenzsicherung die Zusammenarbeit intensiviert werden. Die Zusammenarbeit mit Ärzten, Krankenkassen oder großen Unternehmensberatungen dient dabei nicht nur der Stärkung eigener Marktpositionen, sondern auch der Einleitung von Marktbereinigungsprozessen im Allgemeinen. Gesundheitsorientierte Fitness-Clubs mit einem breitgefächerten Angebotsspektrum an Individual- und Gruppentraining, zusätzlichen Möglichkeiten zur Entspannung und Kommunikation sowie einem multifunktionalen Freizeitspektrum sind anderen Mitbewerbern voraus.

Die boomende Fitness-Branche bringt immer neue Trends aus Amerika nach Europa. Die Zahl der Menschen, die solche neuen Sportangebote enthusiastisch nutzen, steigt ebenso weiter an. Aus dieser Entwicklung geht ein völlig neuer Arbeitsmarkt hervor, der kommerzielle Möglichkeiten für Fitness-Anbieter bereithält, aber ebenso Probleme mit sich bringt (DIETRICH et al. 1990).

Unwägbarkeiten entstehen aufgrund der Tatsache, dass Sport an sich kein Grundbedürfnis der Menschen ist und die Sportnachfrage entsprechend instabil bleiben wird. Darüber hinaus konkurriert der Sport stets mit einer Vielfalt anderer Möglichkeiten der Freizeitgestaltung (DIETRICH et al. 1990). Diese Konkurrenzsituation bringt die Fitness-Clubs in Zugzwang, immer neue Trends in ihr Programm zu integrieren, wenn sie ihre Mitglieder nicht durch andere verlockende Freizeitangebote verlieren wollen.

Die hohe Nachfrageelastizität führt zu einer hohen Nachfrageverschiebung im Sportbereich (OPASCHOWSKI 1994). Dadurch wird der Sport auch im Fitnessbereich unwägbarer. Entsprechend vielschichtig sind die Anforderungen an die Mitarbeiter, die viel zum Mitgliedererhalt beitragen können.

Die Wünsche und Bedürfnisse der Mitglieder können nur mit Hilfe einer professionell angebotenen Dienstleistung im Fitness-Club erfüllt werden. Dabei sind die persönlichen Beziehungen zum Mitglied im Einzelnen und innerhalb des Fitness-Clubs im Allgemeinen von zentraler Bedeutung:

„Sie müssen den Leuten, als Dienstleistungsunternehmen, das Gefühl geben, dass sie die entscheidende Person ist, auf die es ankommt. Die Kunden müssen reingehen und sich direkt dort wohlfühlen und vor allem wieder rauskommen mit dem Gefühl: da geh' ich wieder hin, das war super" (STEMPER et al. 1995, 1).

Wesentliche Forderungen an das Management eines Fitness-Clubs sind die Schaffung einer sozialen Atmosphäre während des Trainings, zeitökonomische Trainingsprogramme, Spaß am Training, Erfüllung von Trainingszielen und intensive Betreuungsmechanismen. Der Fitness-Club kann sich aber auch als einzigartige Bewegungs- und Erlebnisstätte unter sozial-gesellschaftlichen Gesichtspunkten profilieren, z. B. durch sportfreie Angebote, wie Work-Shops, Partys oder Outdoor-Aktivitäten.

Das Anwachsen des Mitgliederpotentials und die Erschließung neuer Zielgruppen wird insbesondere durch motivational-psychologische Aspekte des Sporttreibens gewährleistet, wie z. B. Spaß haben, oder durch intrinsische, situativ erlernbare Motivstrukturen, aber auch durch die fachliche Berücksichtigung des Gesundheits-Motivs, des Körpererlebens und der sozialen Komponente. Nur sinnvolle Innovationen, marktorientiertes Verhalten und Flexibilität können auf dem schnellebigen Fitness-Markt Erfolg in der Zukunft zeitigen.

Die kommerziellen Interessen sollten dabei nicht vor dem individuellen Wohlbefinden der Fitness-Club-Mitglieder rangieren. Denn wenn Profitmaximierung allein die Handlungsmaxime ist, werden ethische, moralische oder pädagogische Ziele verdrängt. Langfristig betrachtet, wird dies den Erfolg gefährden.

2.4 Gesundheitsorientierte Fitness-Clubs

Fitness-Clubs sind marktorientierte, kommerzielle Anbieter von Dienstleistungen, die nach betriebswirtschaftlichen Gesichtspunkten funktionieren. Neue Trends und Tendenzen in der Fitness-Branche entstehen durch ständige Spezialisierung. Dieser Prozess ermöglicht eine weitgehende Flexibilität, die den Fitness-Clubs, entsprechend den Bedürfnissen der Mitglieder, immer neue Marktnischen eröffnet.

In den vergangenen vier bis fünf Jahren machen sich verstärkt gesundheitsorientierte Tendenzen in den Clubs bemerkbar. Eine wichtige Mitgliedergruppe, die zunehmend in den Fitness-Markt eintritt, sind vornehmlich die Über-40-Jährigen mit überwiegend höherem Bildungsgrad (KOHOUT/STEIN 1990). Aufgrund ihres ausgeprägten Gesundheitsbewusstseins, haben für sie Motive, wie Gesundheit, körperliche Fitness und Ausgleich zur beruflichen Belastung, einen hohen Stellenwert in ihrem Lebensstil. Kommerzielle Fitness-Anbieter mit individueller, fachlicher Beratung, gepflegten Räumlichkeiten und moderner Geräteaustattung sowie flexiblen Trainingsbedingungen und einem gesundheitsorientierten Konzept sind für diesen Personenkreis besonders attraktiv (HEINEMANN 1990).

Das gesundheitsorientierte Konzept beinhaltet außer dem klassischen Fitness-Training mit Bodystyling oder Konditionsverbesserung in der Regel auch eine breite Angebotspalette von Maßnahmen zur Gesundheitsförderung, wie beispielsweise Herz-Kreislauf-Training, Stretching und Entspannung, Rückentraining, Rückenschule und Wirbelsäulengymnastik (GESUNDHEITSFÖRDERUNG 1994). Zum einen wird mit diesem Konzept die Möglichkeit zur Sportausübung geboten, zum anderen wird dem Kunden auch eine bestimmte Philosophie verkauft. Sie propagiert das aktuelle Schönheitsideal, das mit dem Anspruch auf Modernität, Leistungsfähigkeit und Erfolg verknüpft ist.

„Die Philosopie dieser Sport- und Freizeitparks ist gut für das Geschäft: die Verbindung von Sport, Gesundheit und Freizeit. Dieses Konzept hat sich nach Meinung von Experten in den letzten Jahren als richtungsweisend herausgestellt" (GESUNDHEITSFÖRDERUNG 1994, 28).

Qualitätsmerkmale, die einen gesundheitsorientierten Fitness-Club darüber hinaus kennzeichnen, hat die Gütegemeinschaft Gesundheitssportzentrum e.V. in ihren Prüfbestimmungen (1993) festgehalten. Sie beinhalten folgende Gesichtspunkte:

Inhaltliche Anforderungen

Die inhaltlichen Anforderungen an eine gesundheitsorientierte Fitness-Einrichtung umfassen ein ausführliches Eingangsgespräch mit individueller Beratung. In diesem Eingangsgespräch sollen sowohl der gesundheitliche Status als auch das sportliche Niveau und die persönlichen Wünsche und Ziele des Interessenten erfasst und schriftlich festgehalten werden.

Im Anschluß daran müssen wissenschaftlich gesicherte motorische Tests zur Prüfung von Ausdauer, Kraft und Flexibilität durchgeführt werden. Anhand der bei den Tests erhobenen Daten sollten bei der Trainingsplanung und Steuerung individuelle Trainingspläne erstellt werden. Um die Leistungsentwicklung des Mitglieds überprüfen zu können, muss alle vier Monate ein Re-Test erfolgen. Auch subjektive Interessen des Mitglieds sollten Berücksichtigung finden. Mit Hilfe von kognitiven, kommunikativen und integrativen Angeboten soll darüber hinaus auch die Gesamtpersönlichkeit des Mitglieds gefördert werden.

Ein gesundheitsorientierter Fitness-Club muss neben dem Individualtraining auch Gruppenangebote zur Verfügung stellen, die nach dem jeweiligen Leistungsniveau (Anfänger, Fortgeschrittene) sowie den unterschiedlichen Zielvorstellungen ausgerichtet sind (präventives Herz-Kreislauf-Training, Rückengymnastik etc.). Im Anschluss an das Training muss in Form von regenerativen Einrichtungen wie Sauna, Dampfbad, Ruheraum etc. die Gelegenheit zur Entspannung gegeben werden.

Personelle Anforderungen

Die personellen Anforderungen betreffen Qualifikationskriterien des sportlichen Leiters, des Trainingspersonals, des Betreuungspersonals und der Kursleiter. Voraussetzung für die Arbeit in einem Fitness-Club ist beispielsweise für den sportlichen Leiter ein abgeschlossenes Hochschulstudium im Fach Sport sowie eine halbjährige Tätigkeit in einer gesundheitsorientierten Fitness-Einrichtung.

Räumliche Anforderungen

Die räumlichen Anforderungen umfassen eine funktionelle Unterteilung der Fitness-Einrichtung nach Trainingsbereich, Gymnastikbereich und Regenerationszonen sowie sanitären Anlagen und Umkleideräumen.

Apparative Anforderungen

Angesichts der zentralen Rolle des apparativen Trainings innerhalb des Fitness-Clubs müssen den Mitgliedern in ausreichender Anzahl qualitativ hochwertige Trainingsgeräte zur Verfügung gestellt werden.

Die Geräte müssen mit apparativen, individuell dosierbaren Widerständen versehen sein und die Ableitung reproduzierbarer Daten ermöglichen. Für ein ganzheitliches Training muss ein Verhältnis von Ausdauer- und Kraftgeräten von mindestens 30:70 gewährleistet sein.

Hygiene

Die Prüfbestimmungen legen detailliert die Bedingungen für die hygienischen Verhältnisse in der Fitness-Anlage fest. Diese müssen in der Hausordnung geregelt sein.

Ordnung im Trainingsbereich

Das Betreuer-Personal muss dafür Sorge tragen, dass alle Gerätschaften nach ihrer Nutzung wieder an ihre Stellplätze verbracht werden.

Einführung von neuen Kunden

Dem Kunden soll, sofern er diesen Wunsch äußert, ein kostenloses Probetraining gewährt werden.

Die gesundheitsorientierten Fitness-Clubs haben eine gesundheitsfördernde, präventive sowie rehabilitative Funktion. Sofern das Training nach den Prinzipien der Trainingslehre durchgeführt wird und die motorischen Fitness-Elemente präventiv-medizinisch ausgerichtet sind, dabei Priorität auf Freude, Spaß und die individuellen Bedürfnisse des Mitglieds gesetzt wird, können Wohlbefinden, Leistungsfähigkeit und Widerstandsfähigkeit gegen Krankheiten gefördert werden. Zur Erreichung dieses Ziels spielt nicht nur die kompetente Betreuung eine wesentliche Rolle, vorrangig sind auch neue, effektive Motivations-Strategien. Sie bilden das Fundament für ein lebenslanges Sporttreiben, das die erwünschten präventiven Wirkungen zeitigt.

2.5 Pro & Kontra Fitness-Clubs

Fitness-Clubs sind aufgrund ihrer Unternehmensstruktur in der Lage, sich leichter und flexibler neuen Sportbedürfnissen oder Trends anzupassen und sie kurzfristig in die Praxis umzusetzen (ILKER et al. 1990).

Für die Attraktivität des Sportangebots aus der Sicht potentieller Kunden sprechen Palm zufolge folgende fünf Gründe:

„Fitness-Studios machen Neubeginnern den Einstieg in den Sport leichter. Man wird individuell betreut und bleibt in einer schützenden Anonymität solange man das will oder es braucht ... Fitness-Studios kann man immer dann nutzen, wenn man Zeit hat ... Fitness-Studios bieten durch gezieltes Muskel-Training eine sinnvolle Ergänzung zum Ausdauertraining ... Fitness-Studios bieten eine ökonomische Trainingsform an qualifizierten Geräten mit geringem Zeitaufwand aber hoher Trainingseffizienz ... Der Trainierende kann das Üben jeweils auf seinen persönlichen Leistungsstand einstellen" (PALM 1988, 40-42).

Rittner et al. nennen ihrerseits folgende Punkte, die für die Attraktivität von kommerziellen Anbietern sprechen:

1. Möglichkeiten des interessanten Selbsterlebens und der attraktiven Selbstdarstellung
2. Darstellbarkeit von Genuß und Lebensstil
3. Zeitsouveränität
4. Präzisierte und spezifizierte Leistungen im Bereich neuer Körperideale (Gesundheit, Fitness, Figurformung)
5. Anspruch auf Spaß
6. Verknüpfung mehrerer Bedürfnisgattungen
7. Service und Dienstleistungen (RITTNER et al. 1989)

Opaschowski sieht die Gründe für den Aufschwung der Fitness-Clubs in deren Konzeption, die sie „zum Ort gesellschaftlicher Individualisierungsprozesse" macht (OPASCHOWSKI 1987, 8). Auf der Suche nach dem für sie richtigen Sport sind die Menschen nicht länger an traditionellen formellen Bindungen und Verpflichtungen interessiert. Die „Suchkosten" für die Beschaffung von Informationen über kommerzielle Sportanbieter sind vergleichsweise gering. Ohne großen Aufwand sind Preis- und Werbungsinformationen erhältlich (HORCH 1990). Das eindeutig definierte Tauschgeschäft von Geld und Leistung kommt der allgemeinen Tendenz zur Inanspruchnahme von Dienstleistungen seitens der Kunden entgegen. Man zahlt für die Dienste und verlangt dafür auch entsprechend eine Gegenleistung. Kommerzielle Sportanbieter können mit Hilfe eines qualifizierten und personell ausreichend besetzten Teams ein gutes Produkt, eine gute „personenbezogene Dienstleistung" anbieten (HORCH 1990).

Für viele Nutzer kommerzieller Sporteinrichtungen ist gerade die zeitlich begrenzte Mitgliedschaft attraktiv. Die Ursache liegt darin, dass sie sich die größtmögliche Flexibilität bewahren möchten, um auf diese Weise anderen Interessen schneller nachgehen zu können (HORCH 1990).

Ein weiterer Vorteil kommerziell geführter Fitness-Anlagen ist eine gepflegte Club-Atmosphäre, die von Mitgliedern als äußerst angenehm empfunden und auch erwartet wird. So ist neben der sportlichen Aktivität eine aufwendige Ausstattung des Clubs ein wichtiger Anziehungspunkt (RITTNER et al. 1989).

Eine aufwendige und exklusive Gestaltung des Fitness-Clubs schmeichelt der Individualität und Eitelkeit des Mitglieds. Dabei kann der hohe Preis des kommerziellen Sportangebots gerade ein Anreiz sein, insbesondere dieses Angebot auszuwählen. Der hohe Preis ist ein zusätzliches Zeichen von Exklusivität und diejenigen, die es sich leisten können, versprechen sich einen Prestigegewinn davon, ein solches Sportangebot wahrzunehmen. Horch bezeichnet dieses Phänomen als „Snob-Effekt" (HORCH 1990).

Zur besonderen „Studio-Atmosphäre" tragen aber auch Angebote zur Körperpflege, wie Saunen und Solarien, bei. Außerdem steht für das leibliche Wohl der Kunden häufig auch eine Bar zu Verfügung, die oft auch ein beliebter sozialer Treffpunkt ist (RITTNER 1988 a).

Einer besonderen Atmosphäre entspricht auch die Gestaltung der Räumlichkeiten. Sie sind häufig mit Parkett ausgelegt und mit großen Spiegeln ausgekleidet, die nicht allein der Eitelkeit dienen, sondern auch der optischen Kontrolle bei der Ausführung der Übungen. Die Dekoration mit Grünpflanzen sowie ein chromblitzender Gerätepark bekräftigen außerdem den Eindruck eines kultivierten Sport-Clubs, in dem auch zivilisierte Umgangsformen großgeschrieben werden. Untersuchungen zufolge hat dieser äußere Rahmen, der einen anspruchsvollen Lebensstil repräsentiert, in der Tat für viele Besucher einen hohen Anreizwert (RITTNER/MRAZEK 1986 a; EBERSPÄCHER 1987; PALM 1987 a).

Dieser positiven Beurteilung der Fitness-Clubs hält Kurz Gegenargumente aus der Sicht des Sportpädagogen entgegen. Er hält die Angebote des Fitness-Clubs für Sportler zur Ergänzung und für angehende Sportler zur körperlichen Vorbereitung als geeignet. Kurz bemängelt jedoch die Konzentration der Sportangebote auf die rein sportlichen Werte Körperlichkeit, Fitness und Gesundheit. Andere ebenso wichtige Werte, wie Erlebnis, Eindruck, Sensation, Ausdruck, Ästhetik, Gestaltung, Leistung, Aktivierung, Selbstbewusstsein, Spannung, Dramatik, Abenteuer, Miteinander, Geselligkeit und Gemeinschaft, sieht er hingegen nicht berücksichtigt. Er stellt der Vielfalt des Erlebens und der Sinne in den Sportarten eine relative Monotonie des Fitness-Sports entgegen (KURZ 1988).

Als ein weiteres Negativum wird oft die Gefahr von schleichenden Fehlern beim Training und damit erhebliche gesundheitliche Beeinträchtigungen und langfristige Beschwerden für die Trainierenden angeführt, wenn eine fachkundige und intensive Betreuung fehlt. Negativ ist in diesem Zusammenhang der Mangel an gesetzlichen Bestimmungen zur fachlichen Qualifikation des Fitness-Personals zu bewerten. Diese gesetzliche Lücke öffnet unqualifizierten Kräften Tür und Tor und gefährdet die Gesundheit der Mitglieder sowie die Qualität des Trainings im Allgemeinen.

Ein anderes Gegenargument liegt in den teilweise überhöhten Mitgliedschaftsbeiträgen und Aufnahmegebühren. Die Flexibilität der Mitglieder wird zudem durch Mitgliedschaftsbedingungen, wie lange Vertragsdauer mit automatischer Verlängerung und lange Kündigungsfrist vor Vertragsende, entscheidend eingeschränkt.

Da das Angebot im Fitness-Sport hauptsächlich aus Zweckanreizen besteht (etwas für die Fitness, Gesundheit und Figur tun), kommen Situationsanreize, die den Wert des Situationsgeschehens während der Sportausübung bestimmen (wie Spaß haben und Sich-wohl-Fühlen), zu kurz. Dies ist ein wesentlicher Grund für die hohe Kündigungsquote in Fitness-Clubs. Diese kann jedoch nur dann gesenkt werden, wenn Fitness-Betreiber eine gute Mischung aus Zweck- und Situationsanreizen anbieten. Nur auf diese Weise können sie ihre Mitglieder langfristig an sich binden und für das Fitness-Training motivieren.

3 Motive und Motivationen im Sport

3.1 Motive und Motiventwicklung

Der modernen Motivationspsychologie liegt eine Vielfalt von Theorien, Modellen, Auffassungen, Ansätzen und Begriffen zu Grunde. Madsen äußerte in den 60er Jahren die Befürchtung, dass „das Ausmaß der Motivationspsychologie ebenso groß ist wie das der Psychologie selbst" (MADSEN 1968, 282).

Gegenwärtig ist der Stand der Motivationsforschung von einem einheitlichen Forschungsansatz oder einer allgemeingültigen Motivationstheorie weit entfernt. Heckhausen ordnet die Motivationstheorien nach verschiedenen Wissenschaftsdisziplinen und nach deren historischer Entwicklung (HECKHAUSEN 1989).

Als Pioniere des *persönlichkeitstheoretischen Forschungsansatzes*, dem auch der *motivations-psychologische Problemstrang* zugeordnet wird, gelten Freud und Ach.

Die Basis der *motivations-psychologischen Forschungsrichtung* ist die *Instrumentalitätstheorie*, in der die Ansicht vertreten wird, dass die Motivation einer Handlung auch von der Folge dieser Handlung beeinflusst wird (HECKHAUSEN 1989).

Heckhausen bezeichnet das Leben jedes Menschen als „einen nicht abreißenden Strom von Aktivitäten" (HECKHAUSEN 1989, 1). Die Motivationspsychologie befasst sich demnach mit Aktivitäten, „die das Verfolgen eines angestrebten Zieles erkennen lassen und unter diesem Gesichtspunkt eine Einheit bilden" (HECKHAUSEN 1989, 1). Es kommt deshalb darauf an, „solche Aktivitätseinheiten im Hinblick auf deren wozu zu erklären" (ebd.).

Drei grundlegende Erfahrungen, die am Menschen beobachtet werden können, verdeutlichen, dass eine von der Person und der Situation abhängige Größe die Handlung entscheidend beeinflussen kann.

1. In gleichen Situationen verhalten sich verschiedene Personen nie gleich (individuelle Unterschiede).

2. In ähnlichen Situationen verhalten sich dieselben Personen auch gleich oder ähnlich (Gleichartigkeit über die Situationen).

3. In gleichen Situationen verhalten sich dieselben Personen so, wie sie sich früher schon in der gleichen Situation verhalten haben (Stabilität über Zeit). (HECKHAUSEN 1974)

Diese unterschiedlichen Größen werden mit Hilfe der hypothetischen Konstrukte *Motiv, Motivation* und *Einstellung* ermittelt (GABLER 1986; HECKHAUSEN 1989). Hypothetische Konstrukte stellen Hilfsgrößen dar, „die für Erklärungsmuster und Modellvorstellungen stehen, mit deren Hilfe menschliches Verhalten überschaubarer und wissenschaftlichem Bemühen zugänglich gemacht wird" (ERDMANN 1983, 13).

Dabei handelt es sich nicht um real existierende Größen, sondern um rein *gedankliche Konstruktionen*, die sich nach *Dispositions- und Funktionsvariablen* unterscheiden. Die Dispositionsvariable ist zeitlich betrachtet eine konstante Größe. Sie variiert zwischen verschiedenen Individuen, selten aber innerhalb eines einzelnen Individuums. Ein kurzfristiger Prozess oder Zustand wird von der Funktionsvariablen gekennzeichnet. Sie variiert nicht zwischen Individuen, sondern innerhalb des einzelnen Individuums (HECKHAUSEN 1989).

Das hypothetische Konstrukt *Motiv* ist eine Dispositionsvariable. Gabler definiert es folgendermaßen: „Motive sind situationsüberdauernde, zeitlich überdauernde, persönlichkeitsspezifische Wertpositionen." (GABLER 1986, 72).

Der Begriff Motiv ist ein Sammelbegriff. Er umfasst ebenfalls Bezeichnungen wie *Bedürfnis, Beweggrund* und *Trieb*. Gablers Motiv-Definition wird von Erdmann erweitert. „Mit dem Motivkonstrukt werden relativ stabile, auf allgemeine Zielvorstellungen (z. B. Gesellung, Leistung, Macht) ausgerichtete, Verhaltensdispositionen umschrieben" (ERDMANN 1987, 35).

Dabei werden *persönliche Motive* (z. B. Leistungs-Motiv) von *sozialen Motiven* (z. B. Anschluss- und Macht-Motiv) unterschieden.

Der Begriff „Motiv" ist kennzeichnend für einen Spannungszustand, der zielgerichtetes Handeln initiiert, aufrechterhält und kanalisiert.

Dabei kann das Handeln der Befriedigung physiologischer (z. B. Hunger, Durst) oder auch psychischer Bedürfnisse (z. B. Leistungs-Motiv) dienen.

Zum einen lassen sich *primäre Motive*, die zu den physiologischen Bedürfnissen zählen, und *sekundäre*, sogenannte *erlernte Motive* von einander unterscheiden. Umstritten ist allerdings, inwieweit sich einzelne Motive diesen Klassen zuordnen lassen (FUCHS 1978).

Maßgeblich für die Ausprägung bestimmter Motive beim Individuum ist das Ausmaß des Sozialisationsprozesses. So bestimmt beispielsweise der Erziehungsstil die starke oder schwache Ausprägung des Leistungs-Motivs. Die Autoren Heckhausen, Schiefele und Zimbardo ergänzen den Begriff Motiv um weitere Gesichtspunkte. „Man kann Motive (...) auch als wiederkehrende Anliegen bezeichnen" (HECKHAUSEN 1974, 143). „Motive zielen auf Verwirklichung von Werten. Sie sagen, was Handlungen bedeuten und begründen" (SCHIEFELE 1978, 14). „Gründe sind gewöhnlich Feststellungen über vermutete Ursachen des Verhaltens, und diese Ursachen werden oft als Motiv bezeichnet" (ZIMBARDO 1983, 343). „Motiv ist kein beschreibender, sondern ein erklärender Begriff" (HECKHAUSEN 1989, 1-18).

Motive stellen Wertungsdispositionen dar, mit deren Hilfe das Individuum charakterisiert und sein Handeln geleitet wird. Anders als angeborene Bedürfnisse, wie Hunger, Durst oder Schlaf, sind sie für das menschliche Überleben nicht notwendig. Sie entwickeln sich vielmehr im Laufe des ontogenetischen Prozesses und unterliegen dem Einfluss der gesellschaftlichen Umwelt. Oerter und Montada (1987, 643) sind deshalb der Ansicht, dass Motive „erlernt" werden (ebenso HECK-HAUSEN, 1974).

Im Laufe des Lebens entstehen in unterschiedlichen Grundsituationen individuelle Verhaltensbedingungen, die dann lebenslang fortbestehen und das menschliche Verhalten beeinflussen können. Beispiele hierfür sind die Motive nach sozialem Anschluss, Macht, Leistung, Geltung, Hilfe etc. (OERTER und MONTADA 1987).

Die ganze Bandbreite des Motivbegriffs zeigt den Mangel an allgemeingültigen Definitionen in der Motivationspsychologie. Gabler führt diese Definitionsprobleme auf die Abhängigkeit jeder „exakten

Begriffsbestimmung" von der theoretischen Position zurück (GABLER 1986, 86).

Erdmann zufolge ist die Motvgenese ein allgemein-psychologisches Problem, denn es handelt sich um die Entwicklung von Bezugssystemen. Bei diesem Entwicklungsprozess spielt vor allem die Familie eine entscheidende Rolle, denn die erste Erfahrung des Menschen mit sich und der Umwelt (Person-Umwelt-Bezug) beschränkt sich zunächst auf den Familienbereich (ERDMANN 1983, 1987).

Die Komplexität der Bezugssysteme nimmt im Laufe der Entwicklung des Menschen zu. Weitere Motive entstehen bei der Konfrontation mit neuen Anreizsituationen. Allerdings bedeutet dies nicht, dass die früher erlernten Motive „verlernt" werden (ERDMANN 1987).

Heckhausen unterscheidet fünf Motive, die sich im Laufe der Entwicklung eines Menschen herausbilden. Zum einen das *Anschluss-Motiv*, das das am frühesten entwickelte Motiv nach sozialem Anschluss ist. Weiter führt er das *Aggressions-Motiv* an, das anderen Schaden zufügt und ihre Interessen torpediert. Das *Macht-Motiv*, welches das Schicksal anderer eigenen Absichten unterordnet, es lenken und beeinflussen will. Das *Hilfe-Motiv*, anderen in Notsituationen Beistand zu leisten. Und schließlich das *Leistungs-Motiv* mit dem Ziel, bei der Lösung von Aufgaben möglichst gut abzuschneiden und die gestellten Anforderungen zu erfüllen (HECKHAUSEN 1974).

„Je nach der individuellen Erfahrungshäufigkeit ist das individuelle Motivsystem mehr aufsuchend oder mehr meidend orientiert, stärker durch Hoffnung auf Befriedigung oder Furcht vor Nichtbefriedigung bestimmt" (HECKHAUSEN 1974, 147).

3.2 Motivklassifikationen

In der empirischen Motivationsforschung werden Motive in Klassifikationen eingeteilt. Maslows Hierarchiemodell mit dem Prinzip der *relativen Vorrangigkeit in der Motivierung* ist das Basismodell gegenwärtiger motivations-psychologischer Arbeiten. Diesem Prinzip zufolge müssen zunächst Grundbedürfnisse der niederen Art wie Hunger, Durst etc. befriedigt werden, um anschließend höheren Be-

dürfnissen freien Lauf zu lassen. Solche höheren Bedürfnisse sind laut
Heckhausen: 1. physiologische Bedürfnisse, 2. Sicherheit, 3. soziale
Bindungen, 4. Selbstachtung und 5. Selbstverwirklichung (HECKHAUSEN
1989). Nach Maslow steht die Vorrangigkeit von Motivgruppen in en-
ger Wechselbeziehung zur Persönlichkeitsentwicklung des Individuums (HECKHAUSEN 1989). Diese ist wiederum eng verknüpft mit
den sozio-ökonomischen Verhältnissen, in denen sich das Individuum
entfaltet (BOURDIEU 1982).

3.3 Extrinsische und intrinsische Motivation

Die Motivation ist von zentraler Bedeutung für das menschliche Handeln. Sie hat mit den *Beweggründen* menschlichen Handelns zu tun,
wie auch die etymologische Bedeutung des Stammverbs „movere –
bewegen" zeigt.

Das Konstrukt der Motivation ist eine Funktionsvariable. Sie ist das
Produkt der Wechselwirkung zwischen Situationsgegebenheiten und
Motiven. Während ein Motiv als latent und überdauernd gilt, ist die
Motivation die konkrete Aktualisierung eines Motivs in einer bestimmten Situation (HECKHAUSEN 1989). Demzufolge ist Motivation kein erklärendes Konstrukt, vielmehr ein Sammelbegriff für eine
Vielfalt von Prozessen und Effekten, die verdeutlichen, dass ein Individuum „ ... sein Verhalten um der erwarteten Folgen willen auswählt
und hinsichtlich Richtung und Energieaufwand steuert" (HECKHAUSEN
1989, 10). Diese „Organisation des Verhaltens nach Zielen" ist durch
Prozesse der Antizipation erwünschter oder befürchteter Folgen des
eigenen Handelns geprägt (OERTER und MONTADA 1995, 769).

Der Motivationsprozess unterliegt dem Einfluss von erwarteten Wahr-
scheinlichkeiten, erwünschten Ergebnissen, die durch eigenes Handeln erzielt werden, sowie antizipierten Handlungsergebnissen selbst.
Eberspächer beschreibt diesen Prozess folgendermaßen:

„Unterschiedliche Situationen, die vom Individuum thematisch entsprechend aufgefaßt werden, regen das Motiv an, aktualisieren die
Motivation. Das Motiv als überdauernder Persönlichkeitszug wird
also situationsspezifisch manifest, der Handlungen anregt und diese
bis zum Abschluß in Gang hält" (EBERSPÄCHER 1987, 281).

Ist die Handlung abgeschlossen, wird sie vom Handelnden im Hinblick auf individuelle und soziale Bezugsnormen beurteilt. Im Prozess dieser Qualifizierung legt sich der Handelnde dann selbst Gründe für sein Handlungsergebnis zurecht oder bekommt sie von außen zugeschrieben (EBERSPÄCHER 1987).

Allmer zufolge unterliegt die Motivation nicht allein dem Einfluss der Ursachenzuschreibung, sondern auch dem emotionalen Ist-Zustand eines Handelnden. Er schätzt in diesem Zusammenhang den Nutzen des emotionalen Ist-Zustands für psycho-hygienische Maßnahmen sehr hoch ein (ALLMER 1973).

Für Bierhoff-Alfermann dient der Begriff der Motivation einerseits zur Erklärung interindividueller Unterschiede des menschlichen Verhaltens und Erlebens in gleichen Situationen, andererseits verdeutlicht er ebenso intraindividuelle Unterschiede beim gleichen Individuum in verschiedenen Situationen (BIERHOFF-ALFERMANN 1986).

Gabler unterscheidet die *Motivation* von der *Motivierung*: „Der Prozess der Motivanregung wird Motivierung genannt, das Ergebnis dieser Motivierung, die Motivation" (GABLER 1986, 72). Dabei differenziert er zwischen *extrinsischer* und *intrinsischer Motivierung*. Die motivierende Größe der extrinsischen Motivierung sind sachfremde Komponenten, wie z. B. Strafvermeidung, soziales Ansehen oder materielle Werte. Demgegenüber erfolgt bei intrinsischer Motivierung der Anreiz durch die Sache selbst und ist deshalb sachbezogen.

Die zweckorientierten bzw. mehrheitlich auf extrinsischen Motiven basierenden Modelle, vor allem die im deutschsprachigen Raum einflussreichen Modelle Heckhausens, geraten in jüngster Zeit zusehends in die Kritik. So wird von Thomae bemängelt, dass eine derart auf kognitive Prozesse sowie auf Triebe reduzierte menschliche Motivation bedenklich sei (THOMAE 1983, in: EBERSPÄCHER 1987).

Heckhausen bezeichnet als extrinsisch alles, „was Endzustände oder Ziele anstrebt" (HECKHAUSEN 1989). Dazu zählt er Verhalten, das sich nach Leistung, Macht, Anschluss, Hilfeleistung oder Aggression richtet. Von entscheidender Bedeutung bei der extrinsischen Handlungs-Motivation ist die Lokation der Ursachenfaktoren. Im Falle von externaler Kausalattribuierung oder externaler Handlung, die nicht freiwillig, sondern wegen einer Belohnung oder aufgrund von Bestrafung unternommen wird, handelt es sich um eine extrinsische Motivation.

In den komplexen westlichen Gesellschaften dominieren in der Regel Motivationen, die dem Wunsch nach einer mittelbaren Bedürfnisbefriedigung entspringen. So wird im beruflichen Alltag häufig nicht allein aus Spaß an der Arbeit, sondern aus dem Reiz einer externen materiellen Belohnung gearbeitet. Mit dieser Belohnung erhofft sich der Mensch eine Bedürfnisbefriedigung, z. B. durch Tausch von Arbeitsentgelt gegen Produkte oder Dienstleistungen.

Die Entscheidung darüber, wie schließlich das Geld verwendet wird, wie also die Art der Bedürfnisbefriedigung geschieht, wird von der Umwelt des Menschen vielfach vorgegeben. Sie nimmt einerseits Einfluss auf die Wahl der Belohnungsverwendung, andererseits auch auf die Höhe der Belohnung selbst und steuert somit das Verhalten des Individuums. Die Trennung von Leistung (Arbeit, Anstrengung) und Gewinn (Bedürfnisbefriedigung) durch externe Belohnungen (Geld, Macht) mit Transmitterfunktionen ist bei dieser Art von Bedürfnisbefriedigung maßgeblich. Motivationen, die solche Bedürfnisbefriedigung herbeiführen, sind extrinsische Motivationen. Extrinsisch bedeutet hierbei, dass sich die aus dem extrinsisch motivierten Verhalten schließlich erfolgte Bedürfnisbefriedigung nicht unmittelbar aus diesem Verhalten selbst ableitet, sie wird erst mit Hilfe von Ersatzmitteln erzielt.

Die eigentliche Bedürfnisbefriedigung hat nur eine mittelbare Verbindung zum ursprünglichen Verhalten. Belohnungen (Reize), die den Arbeitseinsatz meist allein entscheiden, sind an sich wertlos, denn mit ihnen ist keine unmittelbare Bedürfnisbefriedigung möglich. Problematisch bei dem extrinsisch motivierten Verhalten ist die Tatsache, dass im Grunde neutrale Belohnungen (Geld als ein Stück Papier) eine so übermäßige Wertschätzung erfahren, dass sie einen Gegenwert für den Arbeitseinsatz darstellen. Hat der Mensch diesen Wert akzeptiert, entwickelt sich von da an ein abstraktes Bedürfnis nach externen Belohnungen, wie z.B. Geld, Macht oder Sozialstatus. Und dies, obwohl der Besitz dieser Werte die Lebensqualität des Menschen nicht direkt verbessert. Getreu der Redensart „Geld macht nicht glücklich" müssen extrinsische Belohnungen deshalb in *echte Bedürfnisbefriedigungen* transformiert werden, um tatsächlich positiv zu wirken.

Das Trachten nach extrinsischen Belohnungen kann deshalb u. U. das höhere Ziel einer vollständigen und sinnvollen Bedürfnisbefriedigung verfehlen. Eingängige Beispiele hierfür sind Kinder, die nicht für ihr Leben, sondern für ihre Schulnoten lernen, oder Erwachsene, die für buntbedruckte Geldscheine statt für sinnvolle Lebensinhalte arbeiten. So können daraus Frustrationen entstehen, wie sie (nicht nur) in der Arbeitswelt unserer Gesellschaft beobachtet werden können. Extrinsische Belohnungen bergen daher große Gefahren für das Erleben eines sinnvollen Lebens (CSIKSZENTMIHALYI 1991).

Die Motivation durch äußere Belohnung und die Angst vor äußerer Bestrafung, so bemängelt Csikszentmihalyi, bestätige ein rein gesellschaftlich entwickeltes Motivationssystem: „Durch die Objektivierung von Anreizen in Geld und Status haben die Gesellschaften ein rationales und universales Motivationssystem geschaffen, mit dessen Hilfe sie erwünschtes Verhalten hervorrufen und durch genau abgestimmte Belohnungen eine komplexe soziale Hierarchie herstellen können. Die Standardisierung der äußeren Belohnung und die allgemeine Anerkennung ihres Wertes durch die meisten Mitglieder der Gemeinschaft brachte den Typus des „homo oeconomicus" mit sich, der auf die Gesetzmäßigkeiten von Angebot und Nachfrage reagiert, sowie den „homo sociologicus", der durch ein Netzwerk von sozialen Kontrollen im Zaume gehalten wird" (CSIKSZENTMIHALYI 1991, 20).

Heckhausen zufolge liegt intrinsisch motiviertes Handeln vor, wenn *Handlung* und *Handlungsziel* thematisch übereinstimmen (HECKHAUSEN 1989).

De Charms seinerseits spricht von einem Meister-Marionetten-Konzept (origin-pawn-concept). Damit legt er nahe, dass eine Person dann intrinsisch motiviert ist, wenn sie sich selbst als Ursprungsort ihres eigenen Verhaltens fühlt, bzw. sich als Verursacher (origin) erlebt (DE CHARMS 1968).

Nach Auffassung von Hecker ist ein Mensch dann intrinsisch motiviert, wenn er in der Lage ist, sich bei Übungs- und Lernprozessen selbstbekräftigend zu steuern. Der Mensch muss die Fähigkeit besitzen, Handlungsziele zu formulieren und diese auch zu erreichen (HECKER 1984).

Für Deci hängt die Intensität der intrinsischen Handlungs-Motivation davon ab, wie stark das Gefühl der Selbstbestimmung beim Handlungsausführenden ausgeprägt ist (DECI 1972).

Intrinsische Motivationen sind nicht fremdbestimmt, d. h., die Befriedigung intrinsisch motivierten Handelns geht aus dem Verhalten selbst hervor. Verhalten und Bedürfnisbefriedigung geschehen simultan. Da sich die Bedürfnisbefriedigung unabhängig von externen Belohnungen vollzieht, wird beim intrinsischen Verhalten ein positives Gefühl der Freiheit gefördert. Demzufolge kann ein und dieselbe Arbeit unter dem Druck extrinsischer Belohnung als schwierig und frustrierend oder bei intrinsisch motiviertem Verhalten als leicht und erfüllend erfahren werden. Csikszentmihalyi kommt deshalb in seiner Untersuchung über intrinsisch motivierte Verhaltensformen zu dem Schluss, dass „jede Aktivität innerlich belohnend sein kann, vorausgesetzt, sie ist passend strukturiert und unsere Fähigkeiten sind ihren Herausforderungen angepasst" (CSIKSZENTMIHALYI 1991, 16).

Intrinsische Motivation hängt laut Csikszentmihalyi somit von der optimalen Balance zwischen *Leistungsanforderung* und *Leistungskompetenz* ab. Dieses optimale Niveau, das den Menschen fordert, aber nicht überfordert und so Erfolgserlebnisse herbeiführt, ist der Bereich des *Flow*. Flow steht Csikszentmihalyi zufolge im Spannungsfeld zwischen Umweltanforderungen und individuellem Fähigkeits- und Fertigkeitsniveau (CSIKSZENTMIHALYI 1991).

Weiter definiert Csikszentmihalyi intrinsisch motiviertes Verhalten als sogenannte autotelische Aktivität: „Eine Aktivität wird als autotelisch betrachtet (von griech. auto = selbst und telos = Ziel, Absicht), wenn sie vom Ausübenden zwar eine formelle und beträchtliche Energieaufwendung verlangte, ihm aber wenig oder gar keine konventionelle Belohnung brachte" (CSIKSZENTMIHALYI 1991, 30).

Autotelische Aktivitäten sind damit durchaus keine zweckfreien Verhaltensformen, sondern dienen hingegen auf immaterielle Weise einer individuellen Bedürfnisbefriedigung (SCHLESKE 1977). Nach Ansicht von Csikszentmihalyi ist die durch intrinsisch motivierte Tätigkeit erlebte Freude dazu fähig, Zufriedenheit, Selbstvertrauen und ein Gefühl der Solidarität zu vermitteln (CSIKSZENTMIHALYI 1991).

In vielen Lebensbereichen ist zu beobachten, dass sich Individuen den unterschiedlichen Sachzwängen der fortgeschrittenen Industriegesellschaft entziehen. Alternative Lebensformen suchen die Unabhängigkeit von der funktionsgeteilten Gesellschaft. Sie haben schon in vielen Betrieben und Bewegungen ihren Ausdruck gefunden und stehen sinnbildlich für einen gesellschaftlichen Wertewandel. Diese Bewegungen sind auch Systeme einer Gegenkultur, die sich von den extrinsischen und materiellen Belohnungen der entwickelten Industriegesellschaft zusehends entfernen. Die herkömmliche Gewinnmaximierung ist daher in vielen dieser alternativen Betriebe nicht mehr allein ausschlaggebend für den Erfolg. Ökologische und soziale Wertmaßstäbe gewinnen an Bedeutung. Sie haben sogar in die obersten Management-Etagen konventioneller Unternehmen Eingang gefunden. Auch dort wird die Effektivität extrinsischer Belohnungen immer stärker in Zweifel gezogen. In manchen Branchen werden immer öfter, statt finanzieller Prämien für besondere Leistungen, andere Anreize, wie beispielsweise der Gewinn von Reisen (incentives) bzw. Imagegewinn, angeboten. Dies wird insofern bedeutsam, als nach Erreichen eines bestimmten *Sättigungsgrads* materielle Anreize ihre Wirkung verlieren. Dieser Effekt hängt allerdings in starkem Maße vom Entwicklungsstandard des jeweiligen Wirtschaftssystems ab. So sind extrinsische Belohnungen sicherlich in weniger entwickelten Wirtschaftssystemen mit einem niedrigen Lohnniveau lukrativ und stellen nach wie vor einen großen Anreiz für mehr Arbeitseinsatz dar. Dies legt die Vermutung nahe, dass immaterielle Werte erst dann in der Gunst des Menschen stehen, wenn wichtige grundlegende Bedürfnisse bereits befriedigt wurden. In diesem Zusammenhang zieht Maslow deshalb die Schlussfolgerung, dass intrinsische Motivationen ihr Anreizpotential dann vollkommen entwickeln können, wenn extrinsische Grundbedürfnisse zu einem Großteil bereits erfüllt wurden. Aufgrund dessen positioniert Maslow das Ziel der Selbstverwirklichung auch an das Ende seines Hierarchiemodells der fünf Grundbedürfnisse, die jeweils eines nach dem anderen angestrebt werden (MASLOW 1981).

Neben Maslow folgert auch Csikszentmihalyi in seiner Untersuchung, dass „man leichter auf intrinsische Belohnungen anspricht, wenn man an äußeren Belohnungen keinen Mangel erleidet" (CSIKSZENTMIHALYI 1991, 41). Erst eine gute materielle Ausgangsbasis lässt die Menschen nach neuen immateriellen Erlebnisdimensionen streben. Das intrinsisch motivierte Bedürfnis nach Freude und Spaß ist daher eng mit den Lebensbedingungen der entwickelten Industriestaaten verknüpft.

3.4 Das Prozessmodell der Motivation

Der Schritt zum Handeln kann mit der Motivation allein nicht erklärt werden. Es fehlen Prozesse, die mit entscheiden, welche Motivationstendenzen tatsächlich umgesetzt werden. Das Prozessmodell der Motivation integriert unterschiedliche Grundprobleme der Motivation im Verlauf einer Handlung. Berücksichtigt werden einerseits Prozesse, die zur Zielbildung führen, andererseits aber auch Prozesse, die Einfluss haben auf die Aufrechterhaltung einer Handlung. „Das Ziel dieses Handlungsphasenmodells liegt darin, einen theoretischen Rahmen anzubinden, mit dessen Hilfe die Grundprobleme einer jeden Motivationspsychologie, nämlich die Wahl von Handlungszielen einerseits und die Realisierung andererseits, analysiert werden können" (GOLLWITZER 1991, 39).

Das Prozessmodell ist ein sehr umfassendes und differenziertes Modell in der gegenwärtigen Motivationsforschung. Es orientiert sich am Verlauf einer Handlung, die mit Entscheidungs-, Planungs-, Durchführungs- und Bewertungsprozessen zustande kommt. Unterteilt werden in diesem Modell vier nacheinander folgende Handlungsphasen mit jeweils speziellen Übergängen.

Die erste Phase im Handlungsverlauf ist die *prädezisionale Motivationsphase*, die mit der Bildung der Zielintention abschließt. Intentionen werden als angestrebte Endzustände aufgefasst, die durch eigenes Handeln verwirklicht werden müssen (HECKHAUSEN 1987 b). Wenn ein Handlungsziel bindend sein soll, muss zuvor eine Handlungsabsicht, eine Intention, gebildet werden. Die Intention ist die Voraussetzung für den Beginn einer Handlung. Diese Intentionen entscheiden darüber, welche Motivationstendenzen aufgenommen und fortgesetzt werden. In dieser ersten Phase wägt der Mensch zwischen Wünschen und Bedürfnissen solange ab, bis eine *Fazit-Tendenz* (resultierende Motivationstendenz) entsteht.

Im Anschluss an die erste Phase folgt die *präaktionale Volitionsphase*. In dieser zweiten Handlungsphase, die von Oerter und Montada als

Wartestadium bezeichnet wird, werden alle Zielintentionen auf ihre Realisierbarkeit hin geprüft und gegeneinander abgewogen (OERTER und MONTADA 1995, 80 ff.). Die größten Aussichten zur Handlungsausführung hat die Zielintention mit dem größten Verwirklichungsdrang.

Die Handlungsinitiierung bildet den Übergang zur dritten Phase und leitet zugleich die *aktionale Volitionsphase* ein. Der Phasenverlauf wird dann mit der *postaktionalen Motivationsphase* abgeschlossen. In dieser vierten und letzten Phase werden schließlich die erreichten Handlungsergebnisse kritisch analysiert und daraus Folgerungen für zukünftiges Handeln abgeleitet (HECKHAUSEN 1989).

Heckhausen spricht dabei von zwei unterschiedlichen *Bewusstseinslagen*. Motivationale Prozesse sind *realitätsorientiert*, volitionale Prozesse hingegen *realisierungsorientiert* (HECKHAUSEN 1989, 13).

Jede der o. a. Phasen hat eine spezifische Funktion und für die Übergänge von einer Phase zur nächsten müssen bestimmte Bedingungen erfüllt sein (GOLLWITZER 1991).

Eine zentrale Rolle im Motivationsmodell kommt dem Übergang von der ersten motivationalen Phase in die volitionale Phase zu, die mit der Intentionsbildung einhergeht. Diese wird aus der resultierenden Motivationstendenz gebildet und leitet die Vorbereitungsphase der Handlung ein. Diese Schwelle zwischen Motivation und Volition bezeichnen Gollwitzer und Heckhausen in Anlehnung an die historische Begebenheit als *Rubikon* (zit. nach HECKHAUSEN 1989, 212).

Beim „Überschreiten des Rubikons", d. h. nach der Intentionsbildung, werden motivationale Prozesse von den volitionalen getrennt. Wurde eine Zielintention gebildet, kann ihre Planung und Realisation durch Willensvorgänge gesteuert werden. Dadurch gelingt es, Willensprozesse und Motivationskonzepte im Phasenmodell miteinander zu harmonisieren. Die Wahl der Handlungsziele oder auch der Intentionen wird motivationalen Vorgängen zugeordnet, indes die Realisierung der Ziele volitionalen Vorgängen entspricht.

Heckhausen führt eine Reihe von empirischen Studien an, in denen die zwei unterschiedlichen Vorgänge näher bestimmt werden. Die Studien belegen einen weiteren Unterschied der motivationalen und volitionalen Vorgänge: Sie unterscheiden sich auch qualitativ im

Hinblick auf kognitive Abläufe. Im motivationalen Vorgang wägt der Mensch mögliche Handlungsanreize und deren Folgen ab. Die Wahrscheinlichkeit des Handlungsergebnisses und seiner Folgen wird abgeschätzt. Die Informationsaufnahme und -verarbeitung spielt sich offen und vielfältig ab. Im volitionalen Vorgang, also nach Bildung einer Zielintention, fokussiert die Gedankenwelt die konkrete Planung und Durchführung der Intention. Die Informationsaufnahme geschieht selektiv und ist zweckdienlich. Mit Hilfe des Motivationsprozesses ist die qualitative Trennung der beiden oben geschilderten Vorgänge möglich, je nach Wirksamkeit, Aufgabenstellung und Aufgabenerfüllung (HECKHAUSEN 1989).

Gollwitzer ordnet den vier Phasen des Motivationsmodells entsprechend vier verschiedene Vorgänge zu. Er begegnet damit der Kritik, dass keine klare Trennung nach den bisherigen Kriterien möglich sei. Gollwitzer unterscheidet nun diese vier Bewusstseinslagen anhand unterschiedlicher Aufgaben, die in jeder Phase gelöst werden müssen (GOLLWITZER 1991). "So eröffnet sich die Möglichkeit über eine Analyse der jeweiligen Aufgabenforderungen beim Abwägen, Planen, Handeln und Bewerten, Hypothesen über deren Unterschiedlichkeit zu formulieren" (GOLLWITZER 1991, 56).

3.5 Motive sportlichen Handelns

Wie äußern sich die zuvor diskutierten Sachverhalte nun im Bereich des Sports? Heckhausen unterteilt die sportbezogene Motivation in die Komponenten *Auswahl* und *Steuerung von Verhalten* (HECKHAUSEN 1989). Die *Auswahl von Verhalten* bezieht sich hauptsächlich auf die *Motivation zum Sport*, während sich die *Steuerung* mit der Fragestellung nach *Motivation im Sport* auseinandersetzt. Diese Einteilung ist jedoch nicht als zwingend anzusehen (BRACKHANE 1982).

Bei der *Motivation im Sport* stehen ebenso wie in anderen Lebensbereichen Motive wie Leistung, sozialer Anschluss, Geselligkeit, Macht u. a. m. im Vordergrund. Eine *Motivation zum Sport* hingegen muss unter den Motiven der *Zuwendungsmotivation* (Einstieg in die sportliche Aktivität) oder der *Ausübungsmotivation* (längerfristige Ausübung der Aktivität) betrachtet werden (NITSCH 1988). Brackhane

gibt aber zu bedenken, dass Motive, „die zu einer sportlichen Betätigung geführt haben, auch innerhalb des Sports eine Rolle spielen"
(BRACKHANE 1982, 45).

Eine exakte Abgrenzung von Motivation zum Sport und Motivation
im Sport ist wegen der Vielfalt der Motive und ihrer individuell unterschiedlichen Ausrichtung nicht immer möglich. Als Beispiel sei das
Geselligkeits- bzw. Anschluss-Motiv angeführt, welches beiden Moti-
vationskomplexen zuzuordnen wäre. Denn der Wunsch nach Anschluss kann die Primär-Motivation zur Aufnahme sportlicher Aktivitäten sein, da das Individuum den sozialen Kontakt zu Gleichgesinn-
ten sucht. In diesem Fall wäre das *Anschluss-Motiv* Motivation zum
Sport. Andererseits ist die Geselligkeit bei der Sportausübung in einer
Mannschaft oder mit einer Gruppe für viele Sportaktive ein Teil der
Motivation im Sport.

Unbestritten in der Forschungsmeinung ist die sogenannte Mehrfach-
Motiviertheit sportlichen Handelns, bei der multidimensionale Motive
maßgeblich sind. Die Entwicklung von Motivkomplexen geht auf die
Theorie der *multiplen motivationalen Bestimmtheit* zurück (HACKFORT
1993). Diese besagt, dass menschliches Verhalten in einem komplexen System interagierender Einzelmotive entsteht (ROSENFELD
1966, zit. nach WIELAND 1995).

Der Motivkomplex sportbezogenen Handelns kann aufgrund der Heterogenität physischer, psycho-sozialer und sozio-ökonomischer Voraussetzungen interindividuell stark differieren. Er ist allerdings auch
intraindividuell gewissen Veränderungen unterworfen (PÖLZER
1989). So kann bei der Aufnahme einer sportlichen Tätigkeit ein Motiv dominierend sein, aber im Verlauf der Fortführung sportlicher Aktivität in seiner Bedeutung gegenüber anderen Motiven zurücktreten.
Zuwendungs- und Ausübungs-Motive müssen also nicht notwendigerweise identisch sein und können einem Bedürfniswandel unterliegen (ABELE und BREHM 1990; HACKFORT 1993). Vor diesem
Hintergrund werden zahlreiche Kategorisierungen sportbezogener
Motive vorgeschlagen (KENYON 1968; GRÖSSING 1973; SINGER
1981; BRACKHANE 1982; GABLER 1986). Abele-Brehm und
Brehm (1990) verweisen auf die starke qualitative Konvergenz der
oben genannten Kategorisierungsvorschläge und entwickeln die bekannten Typisierungen für den Freizeitsport weiter. Dabei gehen sie
von Sinnzuschreibungen sportbezogenen Handelns aus, die anhand

dreier Kriterien differenzierbar sind: Orientierungsperspektive, inhaltliche Typisierung, Sinnzuschreibung und Sportbereich.

Die Orientierungsperspektive besteht aus *Zweckanreizen* einerseits und *Situationsanreizen* auf der anderen Seite. Zweckanreize sind von Bedeutung für die Zielorientierung der sportlichen Aktivität und ihre realistische Umsetzung. Situationsanreize bestimmen den Wert des situativen Geschehens während der Sportausübung. Der Differenzierung nach Sportbereichen liegt die Überlegung zugrunde, dass sportbezogene Motive von Sportart zu Sportart divergieren können. „Sinnzuschreibungen" und „Sportbereich" werden wiederum von einander abgegrenzt, um die Frage zu klären, ob sich sportliche Disziplinen anhand spezifischer Motive unterscheiden lassen oder ob sportartunabhängige Motive existieren. Abele-Brehm und Brehm haben zehn Sinnzuschreibungen mit 22 Einzelmotiven freizeitsportlichen Handelns entwickelt, die auf die jeweilige Orientierungsperspektive und den konkreten Sportbereich bezogen werden können (ABELE-BREHM/BREHM 1990). Bei der Auswahl der Sinnzuschreibungen lehnen sich die Autoren im wesentlichen an die Ausführungen Kenyons an (KENYON 1968):

Leistung
Situationsanreiz: „sich anstrengen und körperlich hart belasten"
Situationsanreiz: „sich mit anderen messen und vergleichen"
Zweckanreiz: „ sich verbessern"

Gesundheit
Zweckanreiz: „etwas für die Fitness tun"
Zweckanreiz: „Beschwerden vorbeugen"
Zweckanreiz: „etwas gegen Beschwerden tun"

Wohlbefinden
Situationsanreiz: „Spaß haben und sich wohlfühlen"
Zweckanreiz: „Stressabbau", „Ausgleich"

Körpererfahrung
Situationsanreiz: „den Körper erleben"
Zweckanreiz: „den Körper besser kennenlernen"

Aussehen
Zweckanreiz: „eine sportliche Figur bekommen"

Zweckanreiz: „ eine sportliche Figur erhalten"
Zweckanreiz: „schlanker werden"

Präsentation der Sportart
Zweckanreiz: „zeigen, wie attraktiv dieser Sport ist"

Selbstdarstellung
Situationsanreiz: „sich zeigen, sich selbst die eigene Leistung präsentieren"

Spannung
Situationsanreiz: „Spannung erleben", „Neues erfahren"

Gemeinschaft
Situationsanreiz: „mit netten Leuten zusammen sein"

Kontakte
Situationsanreiz: „Kontakte pflegen beim Sport"
Zweckanreiz: „Kontakte knüpfen"

Für alle Sportformen gilt, dass spezifische Motive für die Zuwendung zum Sport genügen. Allerdings ist für das Fortbestehen sportbezogenen Handelns die Bildung von Motivkomplexen wichtig (HACKFORT 1988). Das lässt wiederum folgende Schlussfolgerung zu: Eine stärkere instrumentelle Motiviertheit bei Beginn einer sportlichen Aktivität führt nur dann zu einer dauerhaften Bindung an den Sport, wenn intrinsische Motive einbezogen werden, bei denen die Sportausübung an sich maßgebend ist.

3.6 Motivwandel im Sport

Der allgemeine Werte- und Normenwandel in der heutigen Gesellschaft hat auch deutliche Auswirkungen auf den Sport (vgl. Kapitel 2.1). Zwar genießt der Sport eine gewisse Eigenständigkeit, doch werden die Entwicklungen und Veränderungen hier auch von den gesellschaftlichen Bedingungen mit geprägt.

Der Wandel im Sport macht sich häufig durch unterschiedliche Konzepte und Formen des Sporttreibens bemerkbar. Heute bietet sich dem

Sportinteressierten eine wachsende Zahl von alternativen Sportangeboten, aus denen er, je nach seinen individuellen Wünschen, auswählen kann. Mit dem gesellschaftlichen Wandel haben sich diese individuellen Wünsche im Laufe der Zeit verändert. Die Sportanbieter stehen nun im Zugzwang, ihre Sportprogramme, Sportauswahl und Sportorganisationsformen den neuen Trends entsprechend auszurichten.

Rückblickend auf zwei Jahrzehnte, wird in unterschiedlichen Teildisziplinen der Psychologie und Soziologie der Motivwandel im Sport völlig unterschiedlich bewertet. Zwei Grundpositionen sind dabei besonders prägnant. So nimmt Mrazek einen grundlegenden Wandel der Sport-Motive an: „Waren früher Leistung, Wettkampf und in diesem Kontext Selbstbestätigung die zentralen Motive für Sport, so dominieren heute Gesundheit, Spaß, Wohlbefinden, Aussehen, Figur und Ausgleich für Streß bzw. Arbeit" (MRAZEK 1988, 207).

In einer der neueren Publikationen zum Thema vertritt auch Wieland die Auffassung, dass Sport-Motive im besagten Zeitraum „einen gründlichen Wandel erfahren" haben (WIELAND 1995). Dieser Standpunkt wird auch von Digel (1986) und Heinemann (1989) geteilt. Die traditionellen Motive *Leistung und persönliche Verbesserung* sowie *Wettkampf und Erfolg* sind nach Wieland in ihrer Bedeutung von den Beweggründen *Gesundheit, Spaß* und *Erholung* abgelöst worden und rangieren heutzutage meist am Ende der Motivranglisten (WIELAND 1995). Wieland beruft sich bei seiner Einschätzung auf die Befunde von Opaschowski (1987), Bös und Woll (1989) sowie Wieland und Rütten (1991).

Janssen, Wegner und Bolte (1992) sowie Hackfort (1993) vertreten eine völlig konträre These zum Wandel der Sport-Motive. Aufgrund eigener empirischer Befunde gehen diese Autoren von einer Bedürfnisheterogenität im Freizeitverhalten aus, die sich verstärkt im Sport zeigt: „In dieser Heterogenität der Interessen und Einstellungen wird weniger ein allgemeiner Wandel als eine Differenzierung von Werten deutlich" (JANSSEN/WEGNER/BOLTE 1992, 30).

Die klassischen Leistungs-Werte sind danach für die Handlung ebenso maßgebend wie sozial- und körperorientierte Sinnzuschreibungen. Bedingungsfaktoren und Zielgruppe bestimmen oder entscheiden die Wahl und Zielstellung der sportlichen Aktivität.

Eine neuere empirische Untersuchung veranschaulicht die allgemeine, sportbezogene Motivation in der Bevölkerung. In einer repräsentativen Befragung über die „persönlich wichtigsten" Motive zum Sporttreiben wird für Probanden ab dem 14. Lebensjahr folgende Motivhierarchie festgestellt: 1. Spaß (71 %), 2. Gesundheit (60 %), 3. Fitness (48 %) 4. Bewegungsmangelausgleich (37 %), 5. Ausgleich zur Arbeit und zum Stressabbau (je 30 %), 7. Geselligkeit (23 %) und 8. Wohlfühlen (21 %) (OPASCHOWSKI 1995). Das bedeutet, dass Gesundheit, Spaß und Freude zu den entscheidenden Gründen zählen, Sport zu treiben. Die Leistung und damit auch der Wettkampf und der sportliche Erfolg sind nach dieser Studie hingegen in den Hintergrund getreten.

3.7 Geschlechtsspezifische motivationale Unterschiede

Soweit zum allgemeinen Motivwandel im Sport. Im Hinblick auf den Einfluss des Merkmals *Geschlecht* auf die sportliche Motivation wurden zahlreiche Studien erstellt. Während ein Großteil dieser Untersuchungen geschlechtsspezifische Differenzen ermittelt, weist lediglich Johnsgard in seiner Studie ausdrücklich auf eine geschlechtsbezogene Homogenität beim Wandel der Zuwendungs- zur Ausübungsmotivation hin (JOHNSGARD 1985; 1988).

Nach Biener finden Frauen, im Gegensatz zu Männern, häufiger selbständig den Zugang zum Sport. Die Männer hingegen geben bei ihrer Befragung unterschiedliche, von außen auf sie einwirkende Gründe (z. B. ein bestimmtes Sportereignis) an. Die Schlussfolgerung liegt deshalb nahe, dass Frauen vorwiegend intrinsisch, Männer hingegen viel häufiger extrinsisch zum Sport motiviert werden. Eine weitere interessante Feststellung von Biener ist, dass Männer kaum von ihren Frauen zum Sporttreiben angeregt werden, umgekehrt jedoch wesentlich häufiger (BIENER 1980).

In einigen Untersuchungen werden geschlechtsbezogene Tendenzen hinsichtlich bestimmter Einzelmotive bzw. Motivgruppen analysiert, die im Folgenden kurz skizziert werden:

Fitness/Gesundheit
Meyer stellt für Frauen eine „besonders ausgeprägte Gesundheitsbezogenheit" im Sport heraus. Gesundheit, so die Schlussfolgerung die-

ses Autors, steht bei Frauen an erster Stelle der Motivskala. Er begründet dies damit, dass „Frauen im Vergleich zum Mann eine höhere Gesundheitssensibilität und Kompetenz bescheinigt wird" (MEYER 1992, 120). Heuwinkel seinerseits stellt eine deutlich höhere Wertschätzung des Fitness-Motivs bei Frauen (85 %) als bei Männern (55 %). fest (HEUWINKEL 1990). Heinemann zufolge sind für Männer im Sport eher Kriterien wie *Kondition* und *Ausdauer* wichtig (HEINEMANN 1990).

Aussehen, Figur, Gewicht
Opaschowski (1987), Brehm und Kurz (1988), Hüppe und Uhlig (1990) sowie Tantrum und Hodge (1993) ermitteln bei der Motivgruppe *Aussehen, Figur, Gewicht* eine deutlich höhere Nennhäufigkeit bei Frauen als bei Männern.

Nach Opaschowski hat das Motiv der *Figurverbesserung* für Frauen eine größere Bedeutung als für Männer. Der Prozentwert bei den Frauen liegt mit 26 % deutlich höher als bei den Männern mit nur 6 % (OPASCHOWSKI 1987). Gerade bei diesem Motiv bestätigt sich ein sozio-kulturelles Phänomen, das gutes Aussehen und Schlankheit zum fragwürdigen und psycho-hygienisch gefährlichen Credo erhebt. Dieses gesellschaftliche Dogma betrifft traditionell hauptsächlich Frauen. Brehm und Kurz weisen ebenfalls auf dieses Geschlechtsstereotyp hin, allerdings nicht ohne zu warnen: „Die Überlegung, dass Frauen eher als Männer bereit sind, die Erwartungen auch zuzugeben, könnte die Integration dieses Ergebnisses allerdings beeinflussen" (BREHM/KURZ 1988, 27).

Ausgleich
Das Ausgleich-Motiv ist den in der B.A.T-Studie (1994) befragten Männern wichtiger als den Frauen. Hingegen ermitteln Bloss (1973), Kröner (1976) und Meyer (1992) das Ausgleich-Motiv bei den weiblichen Befragten als bedeutsamer im Vergleich zu den männlichen Testpersonen.

Die Untersuchung von Bloss über die Motivstruktur für das sportliche Engagement von Berufsschülern zeigt, dass diese in erheblichem Maße geschlechtsabhängig ist. Bei den weiblichen Versuchspersonen steht das Ausgleich-Motiv mit 20 % an zweiter Stelle. Bei den männlichen Befragten steht es mit 11 % an letzter Position in der Motivrangliste (BLOSS 1973).

Die Frauen suchen laut Kröner im Sport häufiger einen Ausgleich zur Arbeit und wollen sich entspannen (KRÖNER 1976). Gleiches geht aus einer Untersuchung von Meyer hervor, bei der Frauen im Vergleich zu Männern den Sport als eine gute Gelegenheit sehen, einen Ausgleich zum Beruf oder Haushalt zu erzielen. Hier betragen die Werte 78,3 % für Frauen und 70,5 % für Männer (MEYER 1992).

Entspannung, Wohlbefinden

Bei der Motivgruppe *Entspannung, Wohlbefinden* stellt KRÖNER eine stärkere Häufigkeit bei Frauen im Geschlechtervergleich fest. (KRÖNER 1976)

Kognitives und motorisches Motiv

Das Vorhandensein oder Fehlen des kognitiven und motorischen Motivs bei Mann und Frau ist besonders im Sozialisierungsprozess des Individuums zu suchen. So werden Mädchen schon frühzeitig rollenspezifisch eingeschränkt. Deshalb kommt es zu einer mangelnden sportmotorischen Ausbildung, in deren Folge ein Defizit beim sportmotorischen Verhalten festzustellen ist (KRÖNER 1976).

„Das Fehlen basaler Bewegungsmuster erlaubt und motiviert nicht, komplexere motorische Handlungsstrukturen in leistungsstärkender Manier aufzubauen. Dort, wo die motorischen Minimalqualifikationen (motorisches Eigenschafts- und Fertigkeitsniveau, taktisches Handlungsniveau) fehlen, erst angestrebt oder wieder mobilisiert werden müssen, sind die Beweggründe, Sport zu treiben, mehr kognitiver Natur und richten sich zunächst auf die Vermeidung von Bewegungsmangelkrankheiten und Fettleibigkeit (...). Frauen, die bereits eine Minimalqualifikation erworben haben, reizt am Sporttreiben weniger die Effektivitätssteigerung motorischer Handlungen, als vielmehr die Qualitätssteigerung individueller Bewegungsformen auch im Sinne kreativen motorischen Handelns" (KRÖNER 1976, 59).

Geselligkeit, Kontakt, Anschluss

Der Motivkomplex *Geselligkeit, Kontakt, Anschluss* wird in den Studien von Artus (1974) und Heinemann (1990) als frauenspezifisch charakterisiert. Soziale Motive bei Frauen, so das Resümee von Heitmann, äußern sich vor allem im Wunsch nach gemeinschaftlicher Freizeitgestaltung im Sport und sind für sie dergestalt bedeutungsvoller als für Männer (HEITMANN 1986).

Hingegen gelangen Hennig (1965), Hahmann (1971) sowie Brehm und Kurz (1988) zu dem gegenteiligen Ergebnis. Sie sehen eine größere Bedeutung sozialer Kontakte bei den Jungen bzw. Männern im Vergleich zu den Mädchen bzw. Frauen. Aus Hennigs (1965) empirischer Motiv-Untersuchung der sportlichen Interessen von Jugendlichen gehen deutliche geschlechtsbedingte Motivationsunterschiede hervor. Auffällig ist danach die starke Signifikanz des Leistungsstrebens und die größere Bedeutung des sozialen Motivs bei den Jungen im Vergleich zu den Mädchen.

Die große Bedeutung des sozialen Kontakts und damit auch das *Bedürfnis nach sozialer Zugehörigkeit*, das Hennig (1965) bei den Jungen feststellt, wird auch durch die empirische Motiv-Untersuchung von Hahmann bestätigt. Er stellt fest, dass die Motivation für Gruppen und Gemeinschaft eher bei den Jungen als bei den Mädchen zu finden ist (HAHMANN 1971).

Zu einem ähnlichen Ergebnis hinsichtlich des Kontakt-Motivs kommen Brehm und Kurz (1988) in ihrer Untersuchung. Die Autoren beobachten ein größeres Kontaktinteresse bei Männern als bei Frauen. Sie erklären dies mit einem höheren Engagement der Männer bei sozialen Beziehungen in ihrem Sportverein. Den Autoren zufolge pflegen bedeutend mehr Männer (70 %) als Frauen (50 %) regelmäßige soziale Kontakte mit Bekannten aus der Sportgruppe bzw. aus dem Verein.

Leistungs-Motiv

Beim Leistungs-Motiv ermitteln die folgenden Studien deutlich höhere Werte bei Männern als bei den Frauen: Hennig (1965), Artus (1974), Heitmann (1986), Mrazek und Rittner (1986), Hüppe und Uhlig (1990); Fontane und Hurd (1992), Meyer (1992), Tantrum und Hodge (1993). Das Ergebnis von Johnsgard (1985; 1988) widerspricht diesen Befunden allerdings, denn beim Motiv *persönliche Herausforderung*, einer Teilkomponente des Leistungs-Motivs, stellt er im Vergleich von Zuwendungs- und Ausübungsmotivation insgesamt steigende Werte bei den Frauen und fallende Werte bei den Männern fest.

Aus Artus' Untersuchung bei männlichen und weiblichen Jugendlichen geht ebenfalls hervor, dass Jungen den Leistungsaspekt höher bewerten als den Geselligkeitsaspekt. Die Mädchen schätzen ihrerseits den Geselligkeitsaspekt höher ein als den Leistungsaspekt (ARTUS 1974).

Untersuchungen von Mrazek und Rittner ergeben ebenfalls Unterschiede zwischen den Geschlechtern: „Spaß, Wohlbefinden und gutes Aussehen sind für Frauen wichtigere Gründe zum Sporttreiben als für Männer, während für diese Leistung, Fitness und vielleicht auch Gesundheit etwas wichtiger sind als für Frauen" (MRAZEK/RITTNER 1986, 65).

Im Gegensatz zu den oben genannten geschlechtsspezifischen Motivdifferenzen weist die Studie von Johnsgard ausdrücklich auf die Einheitlichkeit der Motivklassifikation beider Geschlechter hin. Er diagnostiziert beim geschlechtsspezifischen Vergleich älterer Läufer parallele Motiventwicklungen bei Mann und Frau. Während zu Beginn der Laufkarriere Motive wie Gesundheit und Fitness überwiegen, treten diese im Laufe der Jahre zugunsten psychischer Motive, wie Selbstkonzept, Angstreduktion, Spannungsabbau, zurück. (JOHNSGARD 1985; 1988)

Die Befunde von Johnsgard (1985; 1988) bei den leistungsorientierten Senioren ergeben etwa gleich hohe Werte bei den Geschlechtern, so dass sich berechtigterweise die Frage stellt, ob die Bedeutung des Leistungs-Motivs unter Umständen sportformspezifisch und weniger geschlechtsspezifisch zu beurteilen ist.

3.8 Altersspezifische motivationale Unterschiede

Psychologische und soziologische Untersuchungen haben ergeben, dass die Motivation im Altersgang unterschiedliche Wertigkeiten aufweist.

In seinen eigenen Untersuchungen stellt Heuwinkel eine deutliche Dominanz des Gesundheits-Motivs gegenüber dem Spaß-Motiv und allen anderen Beweggründen fest. Er beobachtet einen kontinuierlichen Abfall der Prozentwerte beim Spaß-Motiv. Dennoch weist dieses Item auch im Altersgang eine vergleichsweise hohe Bedeutung auf: ca. 42 % der Testpersonen im Alter von 50-54 Jahren und 55-59 Jahren geben dieses Item an sowie ca. 25 % der Probanden in der Altersgruppe ab 75 Jahren. Bis auf diese letzte Altersgruppe, bei der das Spaß-Motiv vom Kontakt-Motiv verdrängt wird, nimmt *Freude* und *Spaß* die zweite Position auf der Motivrangliste ein. Den Spitzenplatz in dieser Altersgruppe haben *Gesundheit* und *Fitness*, wobei auffällt, dass die Bedeutung dieses Motivs besonders nach dem Eintritt ins Rentenalter zunimmt. Heuwinkel führt dies einerseits auf den Wegfall des Ausgleichs zur beruflichen Belastung zurück, andererseits aber auch auf den von Älteren häufiger genannten ärztlichen Rat zu mehr körperlicher Aktivität (HEUWINKEL 1990).

Auch Heinemann vertritt die These, dass der Stellenwert von Gesundheit und Fitness erst mit fortschreitendem Alter im Sport bedeutungsvoller wird (HEINEMANN 1990).

Die Bedeutung des *Ausgleich-Motivs* sinkt den Ergebnissen Barb-Priebes zufolge im Altersgang. So fallen die entsprechenden Items *Stress, Unausgeglichenheit* sowie *Bewegungsmangel* von 20 % bzw. 30 % bei den bis zu 30-Jährigen auf 6 % bzw. 8 % bei denjenigen, die 61 Jahre und älter waren (BARB-PRIEBE 1991).

Die Resultate der empirischen Studien von Artus und Bloss machen deutlich, dass Jugendliche Sport vorrangig zum Selbstzweck betreiben (ARTUS 1971; BLOSS 1973). Erwachsene dagegen instrumentalisieren die sportliche Betätigung, z. B. für die Gesunderhaltung, für Fitness, Erhaltung der Figur, Leistungskraft und geistige Ertüchtigung (JÜTTING 1976).

In der B.A.T-Studie werden auf die Frage „Warum betätigen Sie sich sportlich?" die Antworten von Älteren (ab 65 Jahre) und Jugendlichen (14-19 Jahre) miteinander verglichen. Bei der Antwort „weil es Bewegungsmangel ausgleicht" wird der Bedeutungsunterschied offensichtlich: 26 % der Jugendlichen geben Bewegungsmangel als Grund zum Sporttreiben an, während dieses Motiv für 57 % der Älteren zutrifft. Bei den Items *Stressabbau* und *Ausgleich zur Arbeit* ist der Unterschied nicht nennenswert. In beiden Altersgruppen spielen diese Motive ohnehin nur eine eher untergeordnete Rolle (zit. nach DENK 1995, 102). Ein Vergleich dieser beiden Untersuchungen weist auf die Notwendigkeit der Differenzierung hin: Die Ergebnisse Barb-Priebes (1991) stammen aus einer Befragung sportaktiver Personen, während in der B.A.T-Studie (1994) auf der Basis einer repräsentativen Zufallsstichprobe sportaktive und sportinaktive Probanden befragt werden. Aus den Befunden kann geschlossen werden, dass die homogene Sportlergruppe weit weniger den Ausgleich sucht. Durch die sportliche Aktivität verliert dieses Motiv an Bedeutung, und zwar umso mehr, je länger der Sport betrieben wird. Wichtiger in dieser Gruppe ist insbesondere die Sorge um die Gesundheit (BIENER 1976; 1980).

Allmer (1985; 1988 a; 1992 a) untersucht subjektive Anreizwerte zum Sporttreiben und deren Wandlung im Altersgang. Seiner Meinung nach wird sportliche Aktivität nur dann als erstrebenswert geschätzt und ausgeübt, wenn das Individuum überzeugt ist, dass durch das Sporttreiben bedürfnisbefriedigende Effekte erreicht werden können. Auf der Basis von Erhebungsdaten, die bei den drei Altersgruppen 30-39 Jahre, 40-49 Jahre und 50-60 Jahre ermittelt werden, stellt Allmer folgendes fest: In der ersten Altersgruppe liegt ein ganzer *Komplex von Anreizwerten* vor, wie z. B. Gesunderhaltung, physische Erholung, Leistungsverbesserung, psychische Erholung sowie Selbsterfahrung. Alle Anreizwerte liegen auf einem ähnlich hohen Niveau. Dagegen stellt die Gesundheitserhaltung in den Gruppen 2 und 3 im Vergleich zu den übrigen Motiven den zentralen Anreizwert dar (ALLMER 1988). Diese Konzentration auf die Gesundheitserhaltung und die gleichzeitige Einschränkung der Anreizvielfalt wird mit der wachsenden Sorge um die Gesundheit begründet. Sie entwickelt sich nach Allmer durch die Verschlechterung des körperlichen Wohlbefindens im Alter.

Ein Vergleich der Motivprofile aller Gruppen ergibt nach einer Varianzanalyse folgende altersspezifische Unterschiede: Der persönlichkeitsbildende Aspekt des Sports wird von den Älteren deutlich geringer eingeschätzt als von den Jüngeren. Dies kann daran liegen, dass sich die Älteren möglicherweise keine Persönlichkeitsveränderungen mehr zutrauen oder auch überhaupt kein Interesse daran haben.

Eine weitere Erkenntnis ist, dass die Älteren stärker als die Jüngeren die Strukturierung des Tagesablaufes durch den Sport schätzen. Dieses Bedürfnis überrascht nicht weiter, da durch den (möglichen) Auszug der Kinder und die Verrentung bzw. Pensionierung mehr freie Zeit zur Verfügung steht. In dieser Situation kann der Sport ein sinngebender und erfüllender Lebensinhalt werden.

Werden mit Hilfe der Motive Anreizwerte der antizipierten Handlung und deren Folgen entwickelt, so bilden die Intentionen die Entscheidung zur Einleitung der Handlung (HECKHAUSEN 1989; siehe auch die Ausführungen unter 3.3. und 3.4).

Die Intentionen, also die konkreten Handlungsabsichten zu sportlichen Aktivitäten, können sich im individuellen Lebenslauf ändern, wie die Untersuchung von Allmer zeigt (ALLMER 1985; 1988 c). Um solche Veränderungen im Altersgang zu erforschen, vergleicht Allmer in einer gemischt-geschlechtlichen Gruppe sportaktiver Senioren die sportbezogenen Intentionen während der Schulzeit, der Zeit beruflicher und familiärer Einbindung bis hin zum Ruhestand. Allmers Ergebnisse lassen zwei prinzipielle Erkenntnisse zu: Zwischen Schulsportinteresse und Freizeitaktivitäten besteht eine Diskrepanz, so dass davon auszugehen ist, dass keine oder nur bedingt eine lebenslange Motivation durch den Schulsport gegeben ist. Auch liegen bei sportlicher Inaktivität nicht notwendigerweise Bedürfnisdefizite vor; erst recht nicht, wenn das vorhandene Sportbedürfnis wegen beruflicher und familiärer Gründe nicht realisiert werden kann. Allmer kommt zu dem Schluß, dass die Zuwendungsmotivation interindividuell stark variieren kann, so z. B. wenn nach längerer Inaktivität der Zugang zum Sport eher zufällig geschieht oder, um gezielt Versäumtes nachzuholen. Die Entwicklung von Motivationsprogrammen muss dieser Heterogenität der sportlichen Aktivität Rechnung tragen, da die resultierenden Wünsche, Erwartungen und Anreizwerte sehr unterschiedlich sein können (ALLMER 1985; 1988 c).

Allmer behandelt auch die individuelle Ausprägung sportbezogener Intentionen bei aktiven Senioren, indem er die Intentionen des Schulsports mit denen des Seniorensports derselben Personen vergleicht (ALLMER 1988 b). Dabei dienen ihm die 18 Intentionen des Motivklassifikationsmodells von Gabler als Untersuchungsgrundlage (GABLER 1980; vgl. Kapitel 3.2 - 3.4). Allmers Befunden zufolge sind alle Intentionen im Seniorensport von größerer Bedeutung als im Schulsport. Besonders auffällig ist der Wunsch nach physischer und psychischer Gesundheit, Entspannung sowie sinnvoller Freizeitgestaltung.

Einerseits stellt Allmer also eine Eingrenzung der Motivlage im Seniorenalter fest, andererseits erfolgt die Fokussierung der sportbezogenen Wünsche nicht monokausal auf „Gesundheit". Es werden auch Intentionen wie sinnvolle Freizeitgestaltung und gemeinsame Aktivitäten als wichtig betrachtet. Ein Vergleich der Studien ist nur eingeschränkt möglich, da Allmer (ALLMER 1985; 1988 a; 1992 a) einerseits mit einer vierstufigen Skala und acht Anreizwerten, jedoch in der zweiten Studie (ALLMER 1988 b) mit sechs Skalen misst. Außerdem können die zu bestimmenden Motive mit einem aus 18 Items bestehenden Fragebogen viel genauer differenziert werden, als dies mit acht Items möglich ist. Darüber hinaus wird in der zweiten Untersuchung das Motiv der Gesundheit, unter dem die Motive „Fitness" und „Bewegung" kategorisiert werden können, durch sieben Items operationalisiert. Diese sind: *Bewegung, Entfaltung der Bewegungsmöglichkeiten, körperliche Gesundheit, körperliche Fitness, harmonische Bewegungsabläufe, neue Bewegungsabläufe* sowie *psychische Gesundheit.*

Tiefgehende Veränderungen bei der Sportaktivität Älterer sind voraussichtlich dann zu erwarten, wenn die Generation der heute 40-Jährigen und Jüngeren in das höhere Alter kommt. Angesichts dessen, dass diese Kohorten unter besseren Sozialisationsbedingungen aufgewachsen sind als ihre Eltern und Großeltern, haben sie auch eine stärkere und differenziertere Bindung zum Sport. Die Vermutung liegt daher nahe, dass die zukünftigen Älteren sicherlich sportaktiver altern werden (TOKARSKI 1993).

Auf interessante Tendenzen im Altersvergleich zwischen jüngeren (40 bis 59 Jahre) und älteren Frauen (ab 60 Jahre) weist Heitmann hin. „Leistung" und „Aussehen" stehen deutlich höher und „Kontakt" deutlich niedriger in der Gunst der jüngeren Frauen und umgekehrt bei den älteren Befragten. Dieses Ergebnis deutet laut Heitmann auf einen sozio-kulturellen Wandel hin (HEITMANN 1986).

3.9 Motive freizeitsportlichen Handelns

Im Hinblick auf das freizeitsportliche Handeln liegen ebenfalls zahlreiche Studien vor, aus denen eine Motivrangfolge abgeleitet werden kann. Auch wenn nicht alle Autoren eine Motivhierarchie in ihren Untersuchungen erstellten, so konnte bei der Auswertung des vorhandenen Datenmaterials für die vorliegende Studie nachträglich eine Motivrangfolge ermittelt werden.

Für die Erstellung einer Rangliste sind vor allem die drei häufigsten Motive von Bedeutung, da mit dieser Anzahl alle Studien verglichen werden können. Trotz der unterschiedlichen Aussagekraft der einzelnen Studien aufgrund ihrer methodologischen Heterogenität erscheint eine Rangliste sinnvoll, weil sie in erster Linie zur Veranschaulichung der Forschungstendenzen dient. Zunächst soll kurz auf die einzelnen Studien eingegangen und im Anschluss die ermittelten „Top-drei-Motive" anhand einer Rangliste vorgestellt werden.

Den Untersuchungen von Emnid liegen Befragungen zugrunde, die im Rahmen der Aktion „Trimm dich durch Sport" in den Jahren 1970, 1972 und 1974 in Bielefeld durchgeführt wurden. Diese Emnid-Befragungen sind repräsentativ für den Erwachsenensport; ihr Ziel ist es zu ermitteln, aufgrund welcher Bedürfnisse und Motive Erwachsene Sport treiben oder auf Sport verzichten. Gestellt wird auch die Frage nach den favorisierten Sportarten der Probanden.

Den Ergebnissen zufolge wird von allen Testpersonen gemeinsam das Motiv *Gesundheit* am häufigsten angegeben. Auf Rang zwei folgt das Motiv *Fitness*, das mit dem Motiv *Aussehen* gekoppelt ist, und Platz drei nimmt schließlich das *Ausgleich*-Motiv ein (JÜTTING 1976).

Neumann findet bei seinen Untersuchungsgruppen (Sportler, ehemalige Sportler und Nichtsportler im Alter von 50-60 und 60-70 Jahren) im Vergleich zur Emnid-Studie eine etwas andere Reihenfolge. Auch er ermittelt bei allen drei Probandengruppen das Motiv *Gesundheit* als das wesentliche Motiv zum Sporttreiben. Im Anschluss folgt das *Stress-Ausgleich*-Motiv und an dritter Stelle das *Kontakt-Anschluss*-Motiv (Neumann 1976). Der Unterschied besteht allerdings darin, dass Gesundheit bei den Sportlern positiv konnotiert ist, im Sinne von „etwas für die Gesundheit tun". Hingegen ist bei den ehemaligen Sportlern und den sportlich Inaktiven das Motiv „Gesundheit" negativ charakterisiert, mehr in Richtung „Sorge um die Erhaltung der Gesundheit" (NEUMANN 1976, 12). Darüber hinaus ist die Gewichtung der Sekundär-Motive keineswegs einheitlich. Von Interesse ist der *stetige Rückgang intrinsischer Motivation* am Beispiel „Freude an Bewegung". Sie ist immerhin für 60 % der Sportler wichtig, jedoch nur für 24 % der Wiederbeginner und für nur 9 % der Nichtsportler von Bedeutung. Auffällig ist weiter die umgekehrte Nennungshäufigkeit beim *Bedürfnis nach mitmenschlichem Kontakt*. Während das Kontakt-Motiv nur für 19 % der Sportler eine Rolle spielt, ist für 41 % der ehemaligen Sportler und für 52 % der Nichtsportler die Geselligkeit ein wichtiger Grund, am Sport teilzunehmen.

Schickeisers Hauptaugenmerk gilt dem Zusammenhang von Leistungs-Motiv und freizeitsportlicher Aktivität (SCHICKEISER 1980). Er hält die Einstellung zum Sport für ein Persönlichkeitsmerkmal, das entscheidenden Einfluss auf das Freizeitverhalten hat. In seiner Untersuchung ermittelt er, inwieweit sich die Variablen „Leistungs-Motivation" und „Einstellung" auf das sportliche Verhalten auswirken. Er erhofft sich mit der Beantwortung dieser Frage die Entwicklung von Maßnahmen, „ ... um Personen zu einer sportlichen Aktivität in der Freizeit zu motivieren, was von besonderer Bedeutung für die Freizeittheorien ist" (SCHICKEISER 1980, 41).

Ein häufig genannter Grund für die sportliche Betätigung in Schickeisers Studie ist die *Freude am Sport*. Mehr als zwei Drittel der Probanden sind aus diesem Grund freizeitsportlich aktiv. Hauptsächlich wird der Sport im Verein oder mit Bekannten ausgeübt, aus deren Reihen auch meist die Anregung zur sportlichen Aktivität kommt. Der zweitwichtigste Grund ist das Motiv *Gesundheit*, das von fast 30 % der Probanden angegeben wird. An dritter Position steht das Motiv *Ausgleich* mit 28,7 %.

Mickler und Moser haben 1988 mit Hilfe eines halbstandardisierten Interviews und ergänzender Fragebogen 20 Freizeittänzer (17 Frauen und 3 Männer) und 20 Freizeitbodybuilder (8 Frauen und 12 Männer) nach ihren Motiven zum Sporttreiben befragt. Auf der Grundlage aller Interviewaussagen bilden die Autoren Kategorien und ordnen anschließend die Antworten der Befragten diesen Kategorien zu. Die Kategorie *Fitness* erhält in dieser Untersuchung die meisten Nennungen (34). Als zweiter wesentlicher Grund wird die Kategorie *Emotionales Erleben* (Freude/Spaß) mit 28 Nennungen angegeben. An dritter Position befindet sich schließlich die Kategorie *psychologisches Wohlbefinden* (Entspannung, Steigerung des Selbstbewusstseins etc.) mit 23 Nennungen.

Brehm und Kurz (1988) stellen in ihrer Studie einen Vergleich zwischen seniorenspezifischer Gymnastik, Volkstanz, Standardtanz und Laufgruppe zum einen und seniorenspezifischen Bewegungsangeboten, wie Turnen, Ballspiele und Leichtathletik, in einem Mehrspartenverein (Alter $\geq$ 50) an. Ihr Vergleich ergibt folgende Motivrangfolge (gesamt): *1. Gesundheit und Fitness, 2. Geselligkeit, 3. Entspannung.* Die Autoren stellen einen wesentlichen Unterschied in der Motivbedeutung fest: Im Gegensatz zu allen anderen Kursformen bewerten die Mitglieder der Tanzgruppe das Geselligkeits-Motiv am höchsten, während in den übrigen Gruppen „Gesundheit und Fitness" als wichtigster Grund genannt wird. Weiter geht aus der Studie hervor, dass Probanden des Sportvereins im Bereich Ballspiele die Geselligkeit weit mehr schätzen als Teilnehmer der Gymnastik- und Turnprogramme.

In der Untersuchung von Rittner et. al. (1989) über die Sportinfrastruktur im Kreis Neuss werden von Sportaktiven und Nichtaktiven folgende Top-drei-Motive genannt: *1. Gesundheit, 2. Fitness, 3. Spaß.*

Von Petry (1990) werden im Hinblick auf Einstellungen und Motive der Mitglieder des vereinseigenen Fitness-Studios der HT16 folgende Ergebnisse festgestellt: *1. Gesundheit/Fitness, 2. Körperformung/Aussehen, 3. Ausgleich.*

Denk und Pache (1992 a) diagnostizieren in ihrer Untersuchung von Sportlern und sportlich Inaktiven (im Alter von 45-90 Jahren) diese Motivrangfolge: *1. allgemeines Wohlbefinden (55 %), 2. körperliche Leistungsfähigkeit (43 %), 3. Spaß/Abwechslung (40 %).* Die Ergebnisse werden ergänzt durch das Motiv *Abhärtung gegen Krankheiten* bei den Sportlern und *Geselligkeit* bei den Nichtsportlern. Beide Motive befinden sich, ebenso wie das Motiv *Spaß/Abwechslung,* auf Position drei der Rangfolge.

Aus einer Befragung des Deutschen Studentenwerks über die Motive für die freizeitsportliche Betätigung von Studenten geht folgende Motivrangfolge hervor: *1. Fitness (75 %), 2. Ausgleich (74 %), 3. Spaß (72 %)* (SCHMITTENHELM 1992).

In einer Studie der Universität Düsseldorf über die freizeitsportlichen Motive von sportlich Aktiven wird festgestellt, dass bei 90 % aller Sporttreibenden *Gesundheit* das dominierende Motiv ist. *Spaß* und *Freude* sind für 80 % der Befragten das zweitwichtigste Motiv. Als drittes Motiv mit ebenfalls 80 % folgen der *Ausgleich für die berufliche Tätigkeit* und die *Fitness* (DVZ 1994).

Die BAS-Studie (BONNER-ALTERSSPORT-STUDIE 1992-1995; zit. nach DENK und PACHE 1995), in der Bedürfnisse Älterer (Alter ≥ 51) in Bezug auf Bewegung, Spiel und Sport (u. a. Motive und Erwartungen) erforscht werden, hat folgende Motivrangfolge bzw. Erwartungen an das Sporttreiben ermittelt: *1. allgemeines Wohlbefinden, 2. körperliche Leistungsfähigkeit, 3. Spaß/Abwechslung.*

Die Stichprobe des B.A.T über Bedürfnisse von Rentnern und Pensionären in Bezug auf Bewegung, Spiel und Sport (u. a. Motive und Erwartungen) hat diese Motivrangfolge hervorgebracht: *1. Gesundheit, 2. Ausgleich, 3. Spaß* (1994; zit. nach DENK und PACHE 1995).

Die überwältigende Dominanz des Gesundheits- und Fitness-Motivs in den oben genannten Studien wirft die Frage auf, ob und inwieweit dieses Motiv mit anderen Beweggründen aus den Top-drei-Nennungen korreliert. Diese Frage ist insofern von Interesse, als bereits darauf hingewiesen wurde, dass eine dauerhafte Bindung an den Sport vom Gesundheits-Motiv allein nicht aufrechterhalten werden kann (NEUMANN 1976; ALLMER 1982; RITTNER 1985; SINGER 1986; WYDRA 1985; OPASCHOWSKI 1987; BREHM und KURZ 1988).

Aus den oben genannten Studien ergibt sich folgende Liste aller wesentlichen Top-drei-Motive freizeitsportlichen Handelns:

Motive freizeit-sportlichen Handelns	Nennungen pro Position 1 2 3			Nennungen von 1-3 gesamt	in Prozent %
1. Gesundheit/ Fitness	9	4	1	14	36 %
2. Freude/Spaß	2	2	5	9	23 %
3. Ausgleich		4	3	7	18 %
4. Wohlbefinden	2		2	4	10 %
5. Geselligkeit	1		1	2	5 %
6. Leistung	2			2	5 %
7. Aussehen/ Figur		1		1	3 %
Gesamt	14	13	12	39	100 %

Tab. 1: Top-3-Motive aus 13 Untersuchungen freizeitsportlichen Handelns

Am häufigsten ergeben sich in den analysierten Studien die Motiv-kombinationen *Ausgleich* und *Freude/Spaß* (sieben Korrelationen) zusammen mit *Gesundheit* sowie *Wohlbefinden* (zwei Korrelationen) und *Soziales Motiv* (zwei Korrelationen). Die Kombination mit *Aussehen/Figur* liegt nur einmal vor.

Diese Befunde bekräftigen die These, dass insbesondere die Beweg-gründe *Freude/Spaß* und *Ausgleich* das *Gesundheits-Motiv* stärken und die wohl wichtigsten Funktionen bei der Verankerung des frei-zeitsportbezogenen Handelns im individuellen Lebenslauf haben.

Im Hinblick auf den Vergleich von 13 Untersuchungen zum Thema *freizeitsportliches Handeln* muss aber auch betont werden, dass es sich in den Studien keineswegs immer um abgesicherte Motive handelt, vielmehr sind es lediglich Beweggründe, die von Personen oft für freizeitsportliches Handeln genannt werden, denn:

1. Es werden unterschiedliche Methoden, offene und geschlossene Fragen gestellt, in denen unterschiedliche Antwortvorgaben bzw. Skalen untersucht werden.

2. Es werden verschiedene Personengruppen untersucht.

3. Die Untersuchungen werden zu unterschiedlichen Zeiten und in unterschiedlichen Kulturkreisen durchgeführt (HEINEMANN 1990).

Auf der Grundlage der theoretischen Erkenntnisse aus den vorangegangenen Kapiteln werden in der Folge im empirischen Teil der vorliegenden Arbeit die Motive von Fitness-Sportlern und -Sportlerinnen unter dem Gesichtspunkt der Geschlechts- und Altersspezifik näher diskutiert und dargestellt. Aufgrund der bisherigen Analyse wird von folgender Arbeitshypothese ausgegangen:

Motive im Fitness-Sport sind überwiegend extrinsischer Natur. Fitness-Sportlerinnen und -Sportler weisen eine unterschiedliche geschlechts- und altersspezifische Motivausprägung auf. Frauen haben insgesamt ein homogeneres Motivrepertoire im Vergleich zu Männern.

Dabei wird eine Skala von sieben Motivkomplexen zu Grunde gelegt, um eine bessere Übersichtlichkeit der Ergebnisse zu erhalten. Diese Motivkomplexe sind:

1. Fitness/Gesundheit
2. Aussehen
3. Psychisches Erleben
4. Kognitive Dimension
5. Soziale Dimension
6. Leistung
7. Motorische Dimension

Diese Skala der Motivkomplexe basiert auf den Erkenntnissen der ersten drei Kapitel dieser Studie.

4   Die empirische Untersuchung

4.1 Gegenstand und Ziel der Untersuchung

Die freizeitsportlichen Motive der Bevölkerung, so wie sie zuvor diskutiert worden sind, sind immer Ausgangspunkt für die Entwicklung
und Planung zielgruppenspezifischer Angebote. Sportanbieter müssen
jene motivational-psychologischen Faktoren, die das freizeitsportliche
Verhalten von Individuen beeinflussen, kennen, um den Bedürfnissen
und Wünschen der Menschen mit ihrem Angebot zu entsprechen. Die
Motivforschung kann instruktive Informationen und zugleich Aufschlüsse über Motive im Sport allgemein sowie im Freizeitsport geben.

Das sportliche Verhalten von Individuen unterliegt dem Einfluss ver-
schiedener sozio-demographischer Faktoren. Maßgebend sind dabei
primär das Geschlecht und das Alter des Menschen. Ziel der vorliegenden Untersuchung war es daher, eine nähere Bestimmung und Er-
gründung fitnessbezogener Motive unter der Prämisse der Ge-
schlechts- und Altersspezifik durchzuführen. Zu diesem Zweck wurden 3248 Frauen und Männer in gesundheitsorientierten Fitness-
Clubs im Zeitraum von 1990 bis 1993 befragt. Die Ergebnisse dieser
Untersuchung geben Informationen über die Zuwendungs- und Ausübungsmotivation der Fitness-Sportler.

Die gewonnenen Erkenntnisse leisten einen Beitrag dazu, den Menschen ein individuelles und bedarfsorientiertes freizeitsportliches Fit-
ness-Angebot anzubieten, den Weg für einen langfristigen Erfolg von
Fitness-Clubs zu ebnen sowie das Image des Fitness-Sports im Allgemeinen zu verbessern.

4.2 Zur Methodik der Untersuchung

Die Untersuchung basiert auf einer Befragung in Form eines Fragebogens während eines Beratungsgesprächs im Fitness-Club. Die Beantwortung des Fragebogens während des Informationsgesprächs stellt in
gewisser Weise eine Mischform zwischen einem Interview und einer
standardisierten schriftlichen Befragung dar.

Die Befragung fand stets am Standort des Fitness-Clubs statt, so dass einer Standardisierung des Gesamtverfahrens und einer weitgehenden Vereinheitlichung der Befragung Rechnung getragen werden konnte. Da sich beinahe alle neuen Interessenten in den Fitness-Clubs dieser Befragungsprozedur unterziehen müssen, kann von einer hundertprozentigen „Rücklaufquote" gesprochen werden.

Die Befragung wurde in gesundheitsorientierten Fitness-Clubs in vier Städten Nordrhein-Westfalens durchgeführt. Bei den Befragten handelt es sich sowohl um Interessenten, die eine Mitgliedschaft abgeschlossen haben, als auch um solche, die es bei dem Beratungsgespräch beließen und keine Mitgliedschaft eingingen.

Der verwendete Fragenkatalog ist ein Standard-Fragebogen, der in den untersuchten Fitness-Clubs als Grundlage eines Beratungsgesprächs dient und bei Abschluss einer Mitgliedschaft zur Erstellung eines individuellen Trainingsplans Verwendung findet; er wurde vom Autor selbst entwickelt. Die Datenanalyse erfolgte mittels SPSS/PC$^+$. Zur Kennzeichnung der Signifikanzen werden die allgemein üblichen Signifikanzsymbole verwendet (siehe Tab. 2).

p - Niveau	Signifikanz	Symbole
$\leq$ 0.001	hochsignifikant	***
$\leq$ 0.01	sehr signifikant	**
$\leq$ 0.05	signifikant	*
$\geq$ 0.05	nicht signifikant	-

Tab. 2: Symbolische Darstellungen des Signifikanzniveaus (CLAUSS/EBNER, 1985)

Eine gesondert durchgeführte Faktorenanalyse zeigte, dass die verwendeten Items in mehreren Faktoren gleich hoch laden, so dass sie statistisch nicht eindeutig einem Faktor zugeordnet werden können. Die Zuordnung der Items erfolgte demnach auf der Basis der in Kapitel 3.9 dargestellten Motivkomplexe, die wiederum Ergebnis der zuvor durchgeführten Sekundäranalyse sind.

4.3   Motive zum Fitness-Sport –
Die Untersuchungsergebnisse

4.3.1   Merkmale der Untersuchungsgruppe

4.3.1.1 Geschlecht

Bei den befragten 3.248 Fitness-Interessierten überwiegt der Anteil
der weiblichen Befragten mit 1.889 gegenüber 1.342 männlichen Interessenten. 17 Befragte machten keine Angaben zu ihrem Geschlecht. Diese Geschlechterverteilung entspricht in etwa der Grup-
penzusammensetzung in den Untersuchungen von Petry (1990), Dietrich et al. (1990), Baska (1991) sowie in der Studie des LSB NW
(1992). In diesen Studien sind die Frauen im Vergleich zu den Männern ebenfalls überrepräsentiert. Dies lässt sich u. a. darauf zurück-
führen, dass die Bedürfnisse von Männern im Fitness-Club möglicherweise nicht entsprechend erfüllt werden. Interessant ist in diesem
Zusammenhang ein Vergleich mit den statistischen Angaben des
Deutschen Sportstudio Verbandes Hamburg (DSSV): Neuesten Zahlen zufolge (Stand Ende 1996) macht der Anteil von Frauen in deutschen Fitness-Clubs 52 % aus.

4.3.1.2 Alter

Das Durchschnittsalter der 3.248 Befragten liegt bei 29,7 Jahren. Dabei liegen die Frauen bei 29,8 und die Männer bei 29,5 Lebensjahren.
33,9 % aller Befragten sind bis zu 25 Jahre alt; 37,7 % sind im Alter
zwischen 25-34 Jahren. 15,3 % der Probanden sind 35-44 Jahre alt
und 13,1 % gehören zur ältesten Gruppe mit über 45 Lebensjahren.
Abbildung 1 zeigt die Altersstruktur und die geschlechtsspezifische
Verteilung der Befragten.

Aus der Abbildung ist ersichtlich, dass unter den befragten Interessenten die Altersgruppe zwischen 25-34 Jahren am stärksten vertreten ist.
Gründe hierfür könnten die in der Regel bereits abgeschlossene
Ausbildung und die verhältnismäßig gesicherte finanzielle Basis sein.
Darüber hinaus bestehen in dieser Altersgruppe zumeist weniger familiäre Verpflichtungen, die eine zeitliche Einschränkung der Freizeit
erfordern.

Die zweitstärkste Altersgruppe sind die Befragten unter 25 Jahren. In diesem Fall handelt es sich hauptsächlich um Personen, die sich noch in der Schul- oder Berufsausbildung befinden. Solche Personen haben in der Regel mehr Zeit, ihren sportlichen Ambitionen nachzugehen. Dass sie dennoch nicht die stärkste Gruppe repräsentieren, liegt vermutlich an den beschränkten finanziellen Möglichkeiten. Im Allgemeinen konzentrieren sich die Interessen der Jugendlichen zu diesem Zeitpunkt auch auf andere Freizeitaktivitäten.

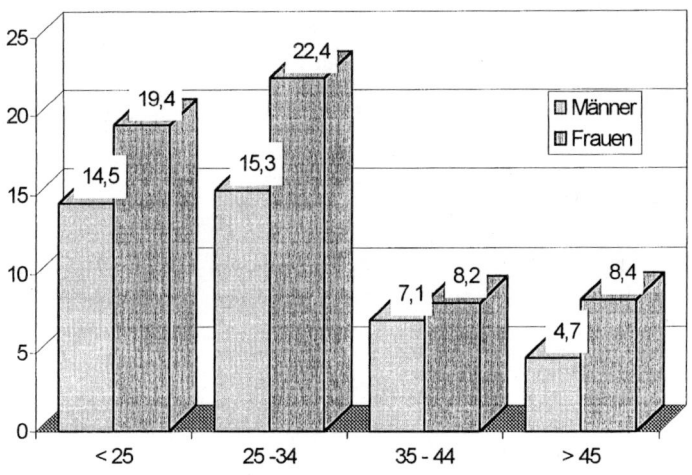

Abb. 1: *Altersstruktur und Geschlechtsverteilung*

Die hier gefundenen Ergebnisse stimmen mit den Resultaten der Baska-Studie (1991) und jenen des LSB NW (1992) überein: Auch in diesen wird der Anteil der 21-35-Jährigen ebenfalls als größte Gruppe angegeben.

Die Altersgruppe zwischen 35-44 ist mit 15,3 % an dritter Stelle vertreten. Gründe für die geringeren Werte in dieser Altersstufe können zum einen im familiären Bereich liegen, z. B. durch die Erziehung von Kindern, zudem sind viele in dieser Altersgruppe karrierebedingt gebunden, so dass nur wenig Zeit für Sport in der Freizeit verbleibt.

Zur Frage, warum Menschen in der Altersgruppe ab 45 Jahre im Verhältnis gesehen seltener Fitness-Sport treiben, lassen sich mehrere Ursachen anführen. Ein Grund mag das Vorliegen gesundheitlicher Beeinträchtigungen sein (z. B. chronische Krankheiten). Daneben ist oft die Angst vor Überforderung vorhanden, ebenso die Scham, bei Fehlern beobachtet oder wegen der Figur belächelt zu werden. Dies lässt vermuten, dass in dieser Altersstufe ein eher negatives Altersbild besteht. Ein Großteil dieser Gruppe hat zudem keinerlei Vorerfahrung mit dem Sport, da diese Generation nicht in dem Maße mit Sport aufgewachsen ist wie jüngere Generationen.

4.3.2 Zur Motivstruktur

Im Zentrum dieses Kapitels stehen die sportlichen Motive für den Besuch im Fitness-Club. Die Fragestellung *„Welche der nachfolgenden Trainingsziele treffen für Sie zu?"* und *„Welche persönlichen Erwartungen haben Sie an das Training?"* beinhalten 16 Items, die Aufschluss über die möglichen Motive für die Mitgliedschaft in einem Fitness-Club geben. Darunter befinden sich im Motivkomplex *Soziale Dimension* zwei Items mit großen Ähnlichkeiten: *„Ich möchte mein Training lieber allein durchführen"* und *„Ich möchte möglichst bald mein Training selbständig planen und steuern können"*. Für die Analyse wurde das zweite Item ausgewertet. Ein Item enthält außerdem zwei verschiedene Einzelmotive in einer Antwortvorgabe. Es handelt sich dabei um das Item *„Ich möchte angenehm und entspannt trainieren"* aus dem Motivkomplex *Psychisches Erleben*.

Tabelle 3 zeigt die prozentuale Verteilung der Einzelmotive in der Gesamtstichprobe. Die Anordnung der sieben Motivkomplexe, wie sie in Kapitel 3.9 entwickelt wurden, erfolgt nach der Höhe der Häufigkeitsverteilung des erstplazierten Einzelmotivs. Innerhalb eines einzelnen Motivkomplexes besteht ebenfalls eine prozentuale Rangordnung.

Im Folgenden werden anhand der Tabelle 3 die einzelnen Motivkomplexe nacheinander dargestellt und die Ergebnisse diskutiert.

Motivkomplex	Nennungen	in Prozent
"Fitness/Gesundheit"		
1 Allgemeine Verbesserung der körperlichen Fitness	2705	83,3
2 Ausdauerbetontes Herz-Kreislauf-Training	969	29,8
3 Positive Beeinflussung körperlicher Beschwerden	904	27,8
"Aussehen"		
4 Gewichtsreduktion (allgemeiner Fettabbau)	1621	49,9
5 Spezielles Figurtraining (Bodyshaping)	1339	41,2
6 Muskelaufbau (Bodybuilding)	990	30,5
"Psychisches Erleben"		
7 Ausgleich zu beruflichem Stress	1408	43,3
8 Ich möchte angenehm und entspannt trainieren	1388	42,7
"Kognitive Dimension"		
9 Ich lege eher Wert auf eine kontinuierliche Anleitung und Trainingskontrolle	1212	37,3
10 Ich wünche Informationen über die Übungswirkungen und anatomisches Hintergrundwissen	1103	34,0
"Soziale Dimension"		
11 Ich möchte möglichst bald mein Training selbständig planen und steuern können	969	29,8
12 Ich bevorzuge ein Training mit Partner	809	24,9
"Leistung"		
13 Mir geht es hauptsächlich um die konkrete sportliche Leistung	579	17,8
"Motorische Dimension"		
14 Ergänzung zu Ihrer Sportart	380	11,7
15 Vorbereitung zu Ihrer Sportart	219	6,7

Tab. 3: Häufigkeitsverteilung der Motive in der Gesamtstichprobe

4.3.2.1 Motivkomplex „Fitness/Gesundheit"

Im Motivkomplex *Fitness/Gesundheit* werden folgende drei Items zusammengefasst:

1. Allgemeine Verbesserung der körperlichen Fitness
2. Ausdauerbetontes Herz-Kreislauf-Training
3. Positive Beeinflussung körperlicher Beschwerden

Nach Rösch ist der Fitness-Begriff mit dem der Gesundheit eng ver-
bunden. Fitness soll durch eine bessere körperliche Verfassung die
physische und psychische Leistung steigern. Neben der psychischen
und physischen Leistungsfähigkeit soll damit aber auch ganz univer-
sell der berufliche und soziale Erfolg beeinflusst werden (RÖSCH
1993).

Das höchst bewertete Einzelmotiv des Motivkomplexes *Fitness/Gesundheit*
und der Untersuchung überhaupt ist das Item *Allgemeine Verbesserung
der körperlichen Fitness*, das 83,3 % der Nennungen auf sich
vereinigt. Aufgrund dieses Ergebnisses ist dieses Motiv von
überragender Bedeutung für die Gesamtrangordnung, in der es mit
klarem Abstand den ersten Platz einnimmt.

Das zweithäufigste Motiv dieses Motivkomplexes ist das Item *Ausdauerbetontes Herz-Kreislauf-Training*, das 29,8 % der Nennungen
auf sich vereint und insgesamt die neunte Position in der Gesamtrangordnung einnimmt.

Die dritte Position in dieser Gruppe nimmt das Motiv *Positive Beeinflussung körperlicher Beschwerden* mit 27,8 % ein. Dies macht wiederum die elfte Position in der Gesamtrangfolge der Einzelmotive aus.

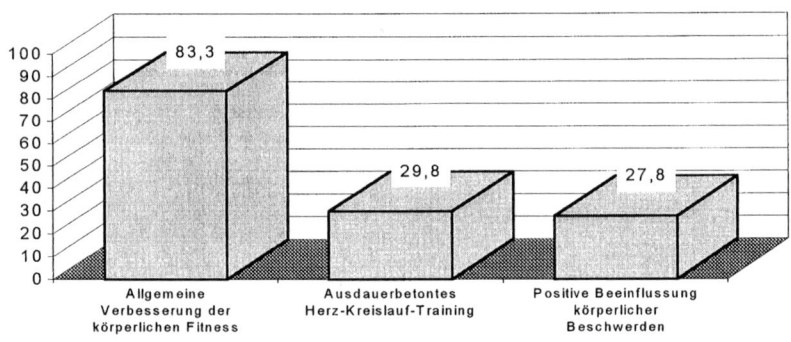

Abb. 2: Motivkomplex „Fitness/Gesundheit"

Auffällig ist der große prozentuale Unterschied zwischen dem ersten und den beiden anderen Motiven. Ein Grund mag die Globalität des ersten Motivs sein, das augenscheinlich fast alle Zielgruppen anspricht. Ausgehend von der Definition Röschs spricht dieses Motiv indirekt außer der physischen Verbesserung auch psychische und soziale Komponenten an, die vom Fitness-Publikum nachgefragt werden. Die Motive *Allgemeine Verbesserung der körperlichen Fitness* und *Ausdauerbetontes Herz-Kreislauf-Training* sind präventiver Natur. Eine nicht zu vernachlässigende Anzahl von Menschen betreibt aber aus rehabilitativen Zwecken Fitness-Sport, wie das dritte Motiv *Positive Beeinflussung körperlicher Beschwerden* belegt. Knapp über ein Viertel des Fitness-Publikums erhofft sich demnach eine Verbesserung der körperlichen Verfassung.

4.3.2.2 Motivkomplex „Aussehen"

Der Motivkomplex *Aussehen* setzt sich ebenfalls aus drei Items zusammen:

4. Gewichtsreduktion (allgemeiner Fettabbau)
5. spezielles Figurtraining (Bodyshaping)
6. Muskelaufbau (Bodybuilding)

Gemäß der Bodybuilder-Jazztänzer-Untersuchung von Mickler/Moser steht der Motivkomplex *Aussehen* in folgendem Kontext: „Unter „Aussehen" fallen alle Angaben, die sich speziell auf das Körpergewicht (Abnahme, Zunahme, Stabilisation), den Muskelaufbau – besonders bei den Bodybuildern – bzw. die Gewebestraffung beziehen" (MICKLER/MOSER 1988, 212).

Mit dem Item *Gewichtsreduktion (allgemeiner Fettabbau)* befindet sich in diesem Motivkomplex eines der Motive mit der höchsten Zustimmung überhaupt (49,9 %). Es nimmt den zweiten Platz in der Gesamtrangfolge aller Einzelmotive ein.

Die zweithöchste Bewertung in diesem Motivkomplex erfährt das Item *Spezielles Figurtraining (Bodyshaping)* mit 41,2 %; dies bedeutet in der Gesamtrangordnung den fünften Rang.

Das Item *Muskelaufbau (Bodybuilding)* wird in der Motivgruppe *Aussehen* mit 30,5 % am niedrigsten bewertet und belegt den achten Rang unter allen Einzelmotiven.

Die höhere Plazierung des Items *Gewichtsreduktion (allgemeiner Fettabbau)* in diesem Motivkomplex gründet vermutlich darauf, dass es sich hierbei um ein geschlechtsübergreifendes Motiv handelt, während die beiden anderen Motive stark geschlechtsspezifisch geprägt sind, wie später noch gezeigt wird.

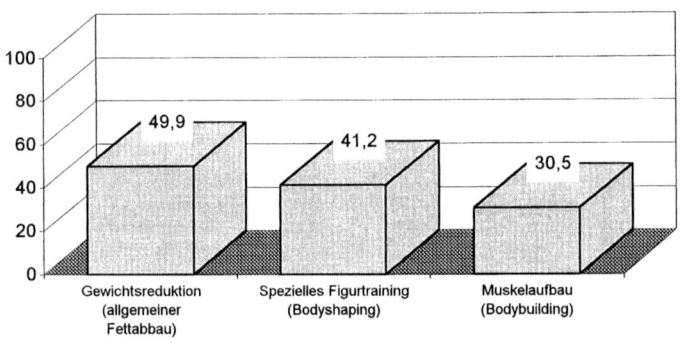

Abb. 3: Motivkomplex „Aussehen"

4.3.2.3 Motivkomplex „Psychisches Erleben"

Im Motivkomplex *Psychisches Erleben* werden zwei Items bzw. drei Einzelmotive zusammengefasst:

7. Ausgleich zu beruflichem Stress
8. Ich möchte angenehm und entspannt trainieren

Zum Motivkomplex *Psychisches Erleben* gehören weiterhin die Motive Spaß, Wohlbefinden, Stressabbau und Ausgeglichenheit (DIETRICH et al. 1990).

Insgesamt fällt auf, dass die in diesem Motivkomplex zusammengefassten Items kaum nennenswerte Unterschiede in der Bewertung durch die Befragten aufweisen. Das Motiv *Ausgleich zu beruflichem Stress* ist als wichtigstes Motiv von 43,3 % der Probanden genannt worden und hat den dritten Platz unter allen Einzelmotiven inne. Das Einzelmotiv *Ich möchte angenehm und entspannt trainieren* liegt mit 42,7 % knapp dahinter und wird somit als fast ebenso wichtig empfunden.

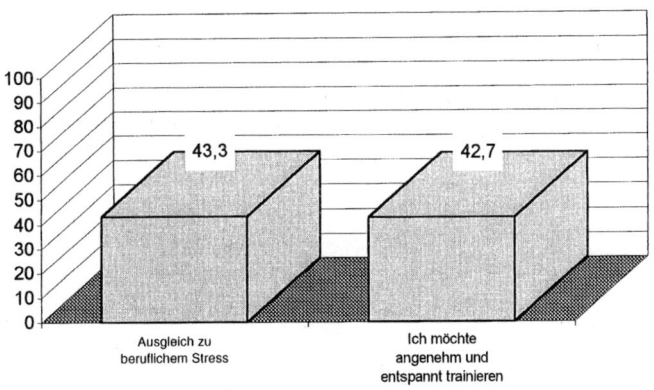

Abb. 4: Motivkomplex „Psychisches Erleben"

Im Hinblick auf das Motiv *Ausgleich zu beruflichem Stress* kann vermutet werden, dass die Befragten Defizite körperlicher Arbeit oder psychischer Art, die sie aufgrund der Arbeitssituation erleben, durch etwas inhaltlich Anderes kompensieren bzw. das Training im Fitness-Club als andersartige Tätigkeit ausführen wollen.

In der vorliegenden Untersuchung werden alle drei Einzelmotive mit nur 0,6 % Differenz fast gleich bewertet. Heinemann hält eine solche Kombination für durchaus nicht weiter überraschend, da „ ... zwei sich scheinbar widersprechende Motivbündel im Sport zusammentreffen. Zum einen das gegenwartsbezogene Erleben, die Suche nach Spaß und Wohlbefinden, zum anderen die Instrumentalisierung des Sports in der Suche nach Gesundheit, körperlicher Fitness und Ausgleich von beruflicher Entlastung" (HEINEMANN 1988, 56).

4.3.2.4 Motivkomplex „Kognitive Dimension"

Zwei Items geben über die *Kognitive Dimension* als Motiv, in Fitness-Clubs Sport treiben zu wollen, Aufschluss:

9. Ich lege Wert auf eine kontinuierliche Anleitung und Trainingskontrolle
10. Ich wünsche Informationen über die Übungswirkungen und anatomisches Hintergrundwissen

Die Zuteilung dieser Einzelmotive in den Motivkomplex *Kognitive Dimension* gründet auf den Ausführungen von Bös:

„Kognitive Prozesse reichen von der Informationsannahme, über den Vergleich mit im Gedächtnis gespeicherten Informationen bis hin zur emotional attributierten Bewertung eines Phänomens. Als übergeordnetes, kognitives Ziel präventiver Sportprogramme kann die Fähigkeit zur Bewertung des Sporttreibens für die Gesundheit angesehen werden" (BÖS et al. 1992, 64 ff.).

Die Einzelmotive *Ich lege Wert auf eine kontinuierliche Anleitung und Trainingskontrolle* nehmen mit 37,3 % und *Ich wünsche Informationen über die Übungswirkungen und anatomisches Hintergrundwissen* mit 34 % eine wichtige Stellung in der Motivrangfolge ein. Sie belegen in der vorliegenden Untersuchung die Plätze sechs und sieben und werden insgesamt von über einem Drittel der Befragten als wichtig erachtet.

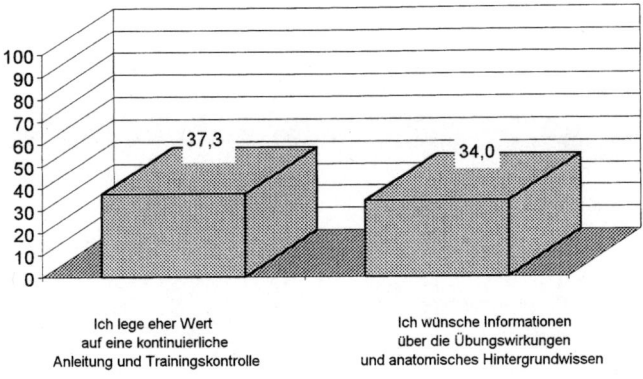

Abb. 5: Motivkomplex „Kognitive Dimension"

4.3.2.5 Motivkomplex „Soziale Dimension"

Der Motivkomplex *Soziale Dimension* wird durch zwei Items repräsentiert, von denen eines die Fähigkeit zur Selbst- und Mitbestimmung beschreibt und das andere die Fähigkeit zur Kooperation:

> **11. Ich möchte möglichst bald mein Training selbständig
> planen und steuern können**
> **12. Ich bevorzuge ein Training mit Partner**

Die Fähigkeit zur Selbst- und Mitbestimmung wird durch die freie
Befriedigung eigener Bedürfnisse, das Streben nach Selbstverwirklichung und Selbstbehauptung gefördert (VAN DER SCHOOT 1986).
Diese Selbstständigkeit zeichnet sich durch Entscheidungsfähigkeit
aus. Dem Sporttreibenden sollten Entscheidungsfreiräume offengehal-
ten werden, um auf die Gestaltung des betriebenen Sports Einfluss
nehmen zu können (WYDRA 1985). Die Kooperationsfähigkeit ist
weiterhin durch die Bereitschaft der sozialen Anpassung, die Beach-
tung sozialer Anerkennung und Gleichberechtigung und die freie Befriedigung eigener Bedürfnisse gekennzeichnet (VAN DER SCHOOT
1986). Voraussetzung für die Kooperation beim Sporttreiben ist die
Kommunikationsfähigkeit. Zur Förderung der Kooperationsfähigkeit

empfiehlt sich ein Sporttreiben mit Partner, in der Gruppe oder speziell variierte traditionelle Spiele (WYDRA 1985).

Das Item *Ich möchte möglichst bald mein Training selbständig planen und steuern können* findet mit 29,8 % in diesem Motivkomplex die höchste Zustimmung und nimmt innerhalb der Einzelmotive die neunte Position ein. Das Item *Ich bevorzuge ein Training mit Partner* erfährt die niedrigere Bewertung in diesem Bereich mit 24,9 % und nimmt insgesamt die zwölfte Position in der Gesamtrangordnung der Motive ein.

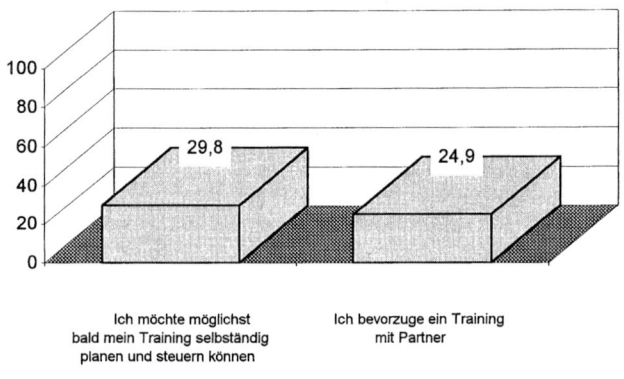

Abb. 6: Motivkomplex „Soziale Dimension"

Die Ergebnisse dieser Studie widersprechen nicht der Aussage Opaschowskis, der aus seiner Untersuchung den Schluss zieht, der Partner werde weniger der Gesellschaft wegen benötigt, als vielmehr des eigenen Ansporns wegen.

„Im Mittelpunkt stehen persönliches Wohlbefinden und Vergnügen. Kontakt und Zusammensein mit anderen sind lediglich ein Hilfsmittel dazu. Nur jeder fünfte Freizeitsportler schätzt das Zusammensein mit anderen Menschen als besonders wichtig ein. 'Die anderen' werden oft als Vehikel für die eigene Antriebsarmut benutzt" (OPASCHOWSKI 1987, 28).

Opaschowskis Meinung nach wird die soziale Dimension des Sports überschätzt. Zwar machen Freizeitsportler soziale Erfahrungen, aber nicht notwendigerweise im Sport. Wesentlich wichtiger sind ihnen „individualistische, ja egoistische Neigungen" (OPASCHOWSKI 1987, 40).

Nach Dietrich et al. sind Sport-Motive und Erscheinungsbilder des Sports widersprüchlich: Neben der Individualität und Selbstbestimmung, was den Zeitpunkt des Sporttreibens betrifft, findet sich große Bereitschaft, organisierte Sportangebote mit intensiver Anleitung anzunehmen (DIETRICH et al. 1990).

4.3.2.6 Motivkomplex „Leistung"

Dem Motivkomplex *Leistung* wird nur das Item *Mir geht es hauptsächlich um die konkrete sportliche Leistung* zugeordnet. Dieses Einzelmotiv spielt mit 17,8 % für die Befragten eine untergeordnete Rolle, es belegt insgesamt die dreizehnte Position in der Gesamtrangfolge aller Einzelmotive. Wie Mrazek feststellt, geht „der ungeheure Erfolg des Freizeitsports in den Industriegesellschaften (...) auf Variationen des symbolischen Abstands zum klassischen Sport zurück." Besonders beliebt sind „sanfte spielerische und quasi-sportliche Betätigungen", in denen Leistung, im Gegensatz zum klassischen Sport, eine untergeordnete Rolle spielt (MRAZEK 1986, 56).

„Gemessen an der Spaßorientierung oder dem Fitness-Interesse spielt das Leistungserlebnis im Freizeitsport eine ganz untergeordnete Rolle. Für das motivationale Sporterleben gilt: Mehr Lust als Leistung" (OPASCHOWSKI 1987, 28).

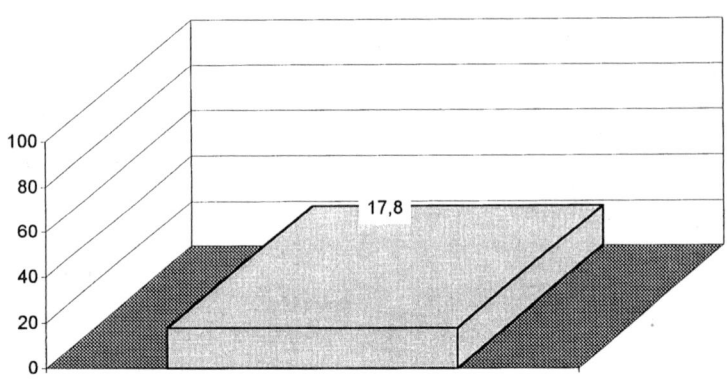

Abb. 7: Motivkomplex „Leistung"

4.3.2.7 Motivkomplex „Motorische Dimension"

Unter dem Motivkomplex *Motorische Dimension* sind zwei Items zusammengefasst:

14. Ergänzung zu Ihrer Sportart
15. Vorbereitung zu Ihrer Sportart

Als übergeordnetes motorisches Motiv von Sportprogrammen kann
die Erhaltung und/oder Verbesserung der motorischen Leistungsfähigkeit angesehen werden. Unter motorischer Leistungsfähigkeit soll
nach Jörgensen und Rieder die Fähigkeit des Individuums verstanden
werden, sich mit den motorischen Anforderungen der Umwelt und des
Lebenslaufes hinreichend auseinanderzusetzen (JÖRGENSEN/RIEDER
1972). Die motorische Leistungsfähigkeit des Menschen hängt vom
Ausprägungsgrad der motorischen Fähigkeiten und Fertigkeiten ab.
Fähigkeiten (z. B. Koordination, Kraft, Ausdauer, Beweglichkeit,
Schnelligkeit) aktualisieren sich auf der Verhaltensebene über
Fertigkeiten (z. B. Gehen, Laufen etc.). Unabdingbare Voraussetzung

für die motorische Leistungsfähigkeit ist die Gesamtheit aller motorischen Fähigkeiten und Fertigkeiten (BÖS et al. 1992).

Von allen Einzelmotiven werden diese beiden Items am wenigsten für wichtig erachtet. Auf das Item *Ergänzung zu Ihrer Sportart* entfielen lediglich 11,7 %, es nimmt somit den 14. Platz unter den Gesamt-Items ein. Das Item *Vorbereitung zu Ihrer Sportart* war für 6,7 % der Befragten bedeutend und steht auf dem 15. und letzten Platz unter allen Items.

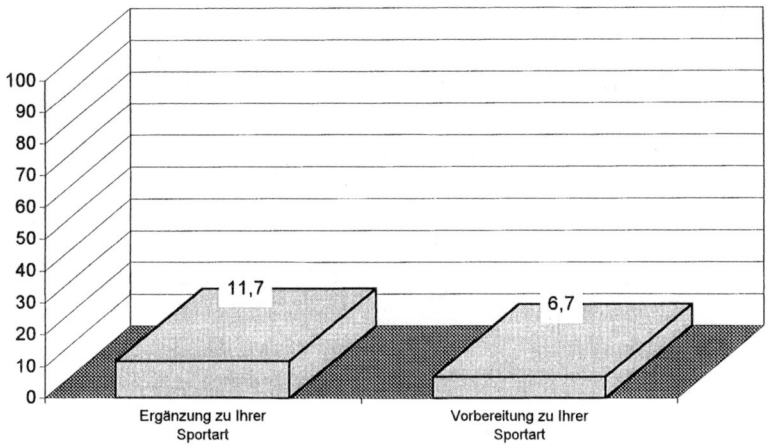

Abb. 8: Motivkomplex „Motorische Dimension"

4.4 Die Top-drei-Motive im Fitness-Sport

Das bedeutendste und meistgenannte Einzelmotiv ist das Item *Allgemeine Verbesserung der körperlichen Fitness* aus dem Motivkomplex *Fitness/Gesundheit*. Darauf entfielen insgesamt 83,3 % der Nennungen aus der Gesamtstichprobe.

An zweiter Stelle der drei favorisierten Einzelmotive steht das Item *Gewichtsreduktion (allgemeiner Fettabbau)*. Dieses Item ist dem Motivkomplex *Aussehen* zugeordnet. Es erhielt 49,9 % aller Nennungen. An dritter Position schließlich folgt aus dem Motivkomplex *Psy-*

chisches Erleben das Einzelmotiv *Ausgleich zu beruflichem Stress* mit 43,3 %.

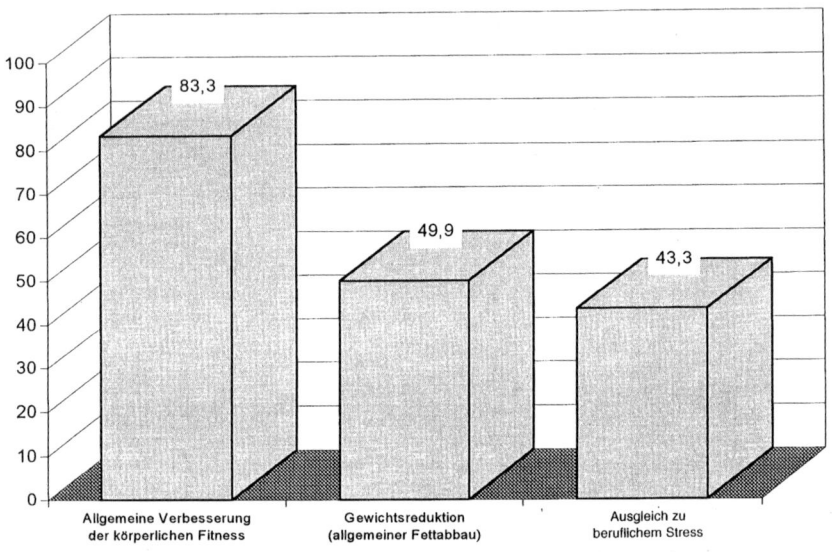

Abb. 9: Top-drei-Motive aus der Gesamtstichprobe

Auf ähnliche Ergebnisse kommt auch Petry in ihrer Untersuchung der Motive von Fitness-Sportler/innen des HT16-Fitness-Clubs (PETRY 1990). Und auch Jütting stellt das Gesundheits-, Fitness-, Aussehen- und das Ausgleich-Motiv für Freizeit-Sport in seiner Studie als zentrale Motive fest (JÜTTING 1976).

Erwähnenswert ist noch, dass an vierter Position mit 42,7 % das Einzelmotiv *Ich möchte angenehm und entspannt trainieren* aus dem Motivkomplex *Psychisches Erleben* fast gleichbedeutend mit dem drittplazierten Motiv *Ausgleich zu beruflichem Stress* ist. Die Differenz zwischen beiden Motiven beträgt nur 0,6 %. Dieser minimale Unterschied zwischen der dritten und vierten Position in der Motivrangfolge ist nur für die Gesamtstichprobe ermittelt worden. Für alle weiteren Ränge ergeben sich eindeutig niedrigere Platzierungen.

Daher erscheint die gewählte Vorgehensweise unter Verwendung von Top-drei-Rangfolgen durchaus angemessen.

Es überrascht nicht, dass ausgerechnet ein Gesundheits-Motiv an erster Stelle der Top-drei-Rangfolge steht. Angesichts der Zunahme von Zivilisationskrankheiten aufgrund des Lebensstils in modernen Industriegesellschaften fühlt sich die Mehrheit der Fitness-Sportler/innen gesundheitlich bedroht und ist bemüht, durch entsprechende freizeitsportliche Maßnahmen die Gesundheit weitestgehend zu erhalten und zu fördern.

Die Top-drei-Rangfolge zeigt: Jede(r) zweite Fitness-Sportler/in möchte an seinem/ihrem Körper arbeiten. Dabei steht unabhängig vom Geschlecht die Gewichtsreduktion sehr stark im Vordergrund. Dennoch kann nicht in jedem Einzelfall von einer objektiv notwendigen Gewichtsabnahme gesprochen werden. Der Grund liegt vielmehr in einer übermäßigen Aufwertung des Körpers in einer Zeit, da geistige, familiäre oder religiöse Werte etc. immer mehr an Gewicht verlieren. Der Körper ist die einzige konstante Größe, auf die sich der Mensch zurückbesinnen kann. Die Arbeit am Körper ist zugleich die Gestaltung der eigenen Identität, sie hilft beim Aufbau eines Selbstwertgefühls und schafft gesellschaftliche Anerkennung.

Auffällig ist die hohe extrinsische Motivation der Fitness-Sportler/innen, da alle Top-drei-Motive aus der Gesamtstichprobe zweckorientiert und daher extrinsischer Natur sind. Erst an vierter Position erscheint mit geringem prozentualem Abstand das intrinsische Einzelmotiv *Ich möchte angenehm und entspannt trainieren*. Zweckorientierte extrinsische Motive reichen jedoch, wie bereits im ersten Teil der Arbeit erwähnt wurde, nicht auf Dauer aus, um langfristig dem Fitness-Sport treu zu bleiben. Dies erklärt vielleicht die relativ hohe Fluktuation im Fitness-Club.

Intrinsische Motivationen können ihr Anreizpotential erst dann vollkommen entwickeln, wenn extrinsische Motive zum größten Teil erfüllt wurden. Um herauszufinden, inwieweit sich extrinsische und intrinsische Motive möglicherweise nach einer längeren Ausübung des Fitness-Sports verknüpfen, müßte eine längsschnittliche Untersuchung von Fitness-Motiven erfolgen.

Eine weitere Erkenntnis aus der Top-drei-Motivrangfolge ist, dass Fitness-Sport für viele Menschen ein wesentliches Mittel zur Kompensation des beruflichen Stresses wird. Die berufliche Einbindung wird aufgrund der hohen Leistungsanforderung und der oftmals als bedrückend empfundenen Arbeitsatmosphäre sowie der mangelnden Anerkennung am Arbeitsplatz immer mehr zur Belastung. Die Folge davon ist ein Mangel an psychischer Ausgeglichenheit und Frustration. Dies kann als Hauptgrund dafür angesehen werden, dass in der Top-drei-Motivrangfolge das Einzelmotiv *Ausgleich zu beruflichem Stress* zu finden ist.

Insgesamt kann bestätigt werden, dass Motive wie Leistung oder Wettkampf durch neue Motive wie Gesundheit, Spaß, Wohlbefinden, Aussehen, Figur oder Ausgleich für Stress, ersetzt werden. (MRAZEK 1988). Wie bei Wieland (1995), Opaschowski (1995), Wieland und Rütten (1991) sowie Bös und Woll (1989) rangieren auch in der vorliegenden Studie traditionelle Motive, wie Leistung, Wettkampf und Erfolg am Ende der Motivrangfolge. In den Top-drei-Motivrangfolgen der vorliegenden Untersuchung ist keines dieser traditionellen Motive zu finden.

4.5 Geschlechtsspezifische Unterschiede

Insgesamt betrachtet bestehen bei zehn von 15 Einzelmotiven aus den sieben Motivkomplexen hochsignifikante ($p < 0.001$) geschlechtsspezifische Unterschiede. Drei Items weisen sehr signifikante Unterschiede auf ($p < 0.01$) und nur zwei Items zeigen nicht signifikante motivationale Unterschiede ($p > 0.05$) der Geschlechter (vgl.Tab. 4).

Motivkomplex	Frauen	%	Männer	%	Sign.
„Fitness/Gesundheit"					
1 Allgemeine Verbesserung der körperlichen Fitness	1602	84,8	1088	81,1	**
2 Ausdauerbetontes Herz-Kreislauf-Training	511	27,1	451	33,6	***
3 Positive Beeinflussung körperlicher Beschwerden	561	29,7	338	25,2	**
„Aussehen/Figur"					
4 Gewichtsreduktion (allgemeiner Fettabbau)	1094	57,9	518	38,6	***
5 Spezielles Figurtraining (Bodyshaping)	1113	58,9	219	16,3	***
6 Muskelaufbau (Bodybuilding)	277	14,7	709	52,8	***
„Psychisches Erleben"					
7 Ausgleich zu beruflichem Stress	843	44,6	558	41,6	-
8 Ich möchte angenehm und entspannt trainieren	865	45,8	515	38,4	***
„Kognitive Dimension"					
9 Ich lege eher Wert auf eine kontinuierliche Anleitung und Trainingskontrolle	745	39,4	461	34,4	**
10 Ich wünche Informationen über die Übungswirkungen und anatomisches Hintergrundwissen	646	34,2	452	33,7	-
„Soziale Dimension"					
11 Ich möchte möglichst bald mein Training selbständig planen und steuern können	493	26,1	473	35,2	***
12 Ich bevorzuge ein Training mit Partner	427	22,6	379	28,2	***
„Leistung"					
13 Mir geht es hauptsächlich um die konkrete sportliche Leistung	280	14,8	298	22,2	***
„Motorische Dimension"					
14 Ergänzung zu Ihrer Sportart	130	6,9	248	18,5	***
15 Vorbereitung zu Ihrer Sportart	76	4,0	143	10,7	***

Tab. 4: Geschlechtsspezifische motivationale Unterschiede in der Gesamtstichprobe

Im Motivkomplex *Fitness/Gesundheit* liegt beim Item *Allgemeine Verbesserung der körperlichen Fitness* ein sehr signifikanter Unterschied (p < 0.01) zwischen Frauen (84,8 %) und Männern (81,1 %) vor. Daraus kann ein etwas stärkeres Gesundheitsbewusstsein bei Frauen abgeleitet werden. Auch Meyer (1992) und Heuwinkel (1990) stellen bei Frauen eine höhere Wertschätzung dieses Motivkomplexes fest. Bei dem Item *Ausdauerbetontes Herz-Kreislauf-Training* sind die Unterschiede zwischen den Geschlechtern sogar hochsignifikant (p < 0.001). Während die Männer zu 33,6 % dieses Einzelmotiv angeben, sind es bei den Frauen 27,1 %. Ein Grund könnte sein, dass Herz-Kreislauf-Training ein bestimmtes Maß an psychischer und physischer Leistungsbereitschaft voraussetzt, die offensichtlich bei Männern in größerem Maße vorhanden ist als bei Frauen. Heinemann (1990) zufolge sind für Männer im Sport ebenfalls Ausdauer und Kondition wichtiger als für Frauen.

Das dritte Item, *Positive Beeinflussung körperlicher Beschwerden,* aus der Motivgruppe *Fitness/Gesundheit* weist einen sehr signifikanten Unterschied (p < 0.01) in der Geschlechtsspezifik auf. 29,7 % der Frauen erhoffen sich eine Verbesserung ihrer körperlichen Beschwerden gegenüber 25,2 % bei den Männern. Dieses Ergebnis legt nahe, dass Frauen im Geschlechtervergleich stärker von der gesundheitsfördernden Effektivität eines Fitness-Trainings ausgehen.

Im Motivkomplex *Aussehen* liegen bei allen drei Items nur hochsignifikante motivationale Unterschiede vor (p < 0.001). Die Ergebnisse bei den Items *Gewichtsreduktion (allgemeiner Fettabbau)* und *Spezielles Figurtraining* überraschen, angesichts ihrer weiblichen Geschlechtsspezifik, nicht weiter. 57,9 % der Frauen halten das Einzelmotiv *Gewichtsreduktion (allgemeiner Fettabbau)* im Vergleich zu den Männern mit 38,6 % für wichtig.

Das Item *Spezielles Figurtraining* ist für mehr als die Hälfte aller Frauen (58,9 %) ein wesentliches Ziel beim Fitness-Training. Hingegen trifft dies nur für jeden sechsten Mann zu (16,3 %). Die Resultate bei den Frauen spiegeln die gesellschaftlichen Erwartungen an die heutigen Frauen wider, denen eine schlanke, straffe und trainierte Figur abverlangt wird. Die Ergebnisse bestätigen, dass Frauen das *Statussymbol Körper* hoch ansiedeln, um gesellschaftliche Akzeptanz zu finden. Auch Opaschowski (1987), Brehm und Kurz (1988), Hüppe und Uhlig (1990) sowie Tantrum und Hodge (1993) ermitteln eine höhere Wertschätzung dieser Items bei Frauen im Vergleich zu den Männern.

Das dritte und letzte Item dieser Motivgruppe, *Muskelaufbau*, findet zu 52,8 % bei Männern sehr viel mehr Anklang als bei Frauen, von denen nur 14,7 % dieses Motiv angeben. Hier gilt im umgekehrten Sinn zum zuvor Gesagten das gesellschaftliche Dogma, wonach der Mann kräftig und muskulös auszusehen hat.

In der Motivgruppe *Psychisches Erleben* besteht beim Einzelmotiv *Ausgleich zu beruflichen Stress* kein signifikanter Unterschied zwischen Männern (41,6 %) und Frauen (44,6 %). Trotzdem lässt sich ein leichter Trend feststellen, der darauf hindeutet, dass Frauen unter der Doppelbelastung zwischen Beruf und Haushalt zu leiden haben. Das Ausgleich-Motiv war in den Untersuchungen von Bloss (1973), Kröner (1976) und Meyer (1992) ebenfalls ein von Frauen besonders geschätztes Motiv im Vergleich zu Männern.

Beim zweiten Einzelmotiv dieses Motivkomplexes, *Ich möchte angenehm und entspannt trainieren*, ist ein hochsignifikanter Unterschied zu beobachten (p < 0.001). Frauen geben zu 45,8 % an, für sie sei eine angenehme und entspannte Trainingsatmosphäre wichtig, während dieses Motiv nur für 38,4 % der Männer zutrifft. Hieraus lässt sich ableiten, dass Frauen im Vergleich zu Männern in größerem Maße nach Spaß und Wohlbefinden im Fitness-Sport suchen. Auch Kröner (1976) stellt bei diesem Item eine höhere Nennungshäufigkeit beim weiblichen Geschlecht fest.

Im Motivbündel *Kognitive Dimension* liegt beim Einzelmotiv *Ich lege Wert auf eine kontinuierliche Anleitung und Trainingskontrolle* ein sehr signifikanter geschlechtsspezifischer motivationaler Unterschied vor (p < 0.01). Für Frauen (39,4 %) ist offensichtlich eine kontinuierliche Betreuung wichtiger als für Männer (34,4 %). Frauen fühlen sich während des Trainings mit fachlicher Beratung sicherer, da sie Fehler bei der Sportausübung vermeiden möchten. Sie legen Wert auf die gewissenhafte und richtige Ausführung der Übungen, weil sie mögliche Folgen eines falsch durchgeführten Trainings fürchten. Männern ist die Vergewisserung des richtigen Trainingsablaufs durch den Betreuer weniger wichtig. Sie verfügen aber auch im Vergleich zu Frauen oft über eine längere Sportbiographie, weshalb sie selbstsicherer sind und weniger Berührungsängste mit den Gerätschaften haben.

Dieses Ergebnis deckt sich teilweise mit den Ausführungen von Kröner (KRÖNER 1976; siehe Kapitel 3.7). Nach Meinung dieser Autorin sind die Beweggründe bei Frauen, Sport zu treiben, auch kognitiver Natur.

Das Einzelmotiv *Ich wünsche Informationen über die Übungswirkungen und anatomisches Hintergrundwissen* ist das zweite Motiv, bei dem keine signifikanten Unterschiede zwischen den Geschlechtern feststellbar sind. Frauen (34, 2 %) und Männer (33,7 %) legen fast gleich viel Wert auf Hintergrundinformationen über die Effekte und Wirkungen des Fitness-Trainings auf ihren Körper.

Im Motivmündel *Soziale Dimension* wurden die Einzelmotive insgesamt niedrig bewertet. Beide Motive weisen einen hochsignifikanten geschlechtsspezifischen Unterschied auf (p < 0.001).

Zum Einzelmotiv *Ich möchte möglichst bald mein Training selbständig planen und steuern können* ist anzumerken, dass Männer (35,2 %) schneller die Regie über ihr Training in die Hand nehmen möchten als vergleichsweise Frauen (26,1 %), da ihr Streben nach Selbstbestimmung der sportlichen Handlungsausführung stärker ausgeprägt ist.

Das zweite Einzelmotiv, *Ich bevorzuge ein Training mit Partner,* deutet darauf hin, dass Männer (28,2 %) eher den sozialen Kontakt zu Trainingskollegen suchen als Frauen (22,6 %). Sie sind kooperativer bei der Durchführung ihres Trainings und zeigen häufiger die Bereitschaft zur Kommunikation. Zwar suchen Frauen ebenfalls eine soziale Atmosphäre, um das Training angenehm zu gestalten, sie sind allerdings nicht so stark an einem Miteinander interessiert. Eine größere Bedeutung sozialer Kontakte bei Männern im Vergleich zu Frauen sehen auch Hennig (1965), Hahmann (1971) sowie Brehm und Kurz (1988).

In der Motivstruktur *Leistung* findet sich lediglich das Einzelmotiv *Mir geht es hauptsächlich um die konkrete sportliche Leistung.* Hierbei ist ein hochsignifikanter Unterschied (p < 0.001) zwischen den Geschlechtern auszumachen. Männer (22,2 %) präsentieren sich leistungsorientierter als Frauen (14,8 %), wenn auch das Niveau relativ gering ist. Es kann davon ausgegangen werden, dass Männern das Handlungsprinzip der Leistung durch die sportliche Erfahrung im

Verein und den gesellschaftlichen Einfluß stärker anerzogen wurde. Beim Leistungsmotiv ermitteln auch die Studien von Hennig (1965), Artus (1974), Heitmann (1986), Mrazek und Rittner (1986), Hüppe und Uhlig (1990), Fontane und Hurd (1992), Meyer (1992) sowie Tantrum und Hodge (1993) deutlich höhere Werte bei Männern als bei Frauen.

Das Motivbündel *Motorische Dimension* ist für beide Geschlechter das am wenigsten bedeutende. Bei den zwei Einzelmotiven in der Motivgruppe sind hochsignifikante Unterschiede vorhanden ($p < 0.001$). Das Einzelmotiv *Ergänzung zu Ihrer Sportart* wird von Frauen (6,9 %) für weniger bedeutend erachtet. Für Männer (15,6 %) ist dieses Motiv wichtiger, da sie neben dem Fitness-Training auch häufiger anderen Sportarten nachgehen.

Ähnlich verhält es sich bei dem Einzelmotiv *Vorbereitung zu Ihrer Sportart*. Männer (10,7 %) möchten eher mit Hilfe des Fitness-Trainings ihre motorischen Fertigkeiten und Fähigkeiten verbessern, um eine optimale Vorbereitung zu ihrer Sportart zu gewährleisten. Für Frauen (4 %) gilt dies in weit geringerem Maße. Die geringe Nennung dieses Einzelmotivs lässt u. U. darauf schließen, dass sie kaum einer weiteren Sportart neben dem Fitness-Training nachgehen. Dieses Ergebnis weist Ähnlichkeiten zu den Ausführungen von Kröner (1976) auf.

4.5.1 Die Top-drei-Motive der Frauen

Die Top-drei-Motive der Frauen gehen insgesamt aus zwei Motivkomplexen hervor. Das Motiv mit den meisten Nennungen ist das Einzelmotiv *Allgemeine Verbesserung der körperlichen Fitness* mit 84,8 %, aus der Motivgruppe *Fitness/Gesundheit*. Auf Platz zwei rangiert aus der Motivgruppe *Aussehen* das Einzelmotiv *Spezielles Figurtraining (Bodyshaping)* mit 58,9 %. Ebenfalls aus dieser Motivgruppe stammt das drittwichtigste Einzelmotiv, *Gewichtsreduktion (allgemeiner Fettabbau)*, mit 57,9 % aller Nennungen.

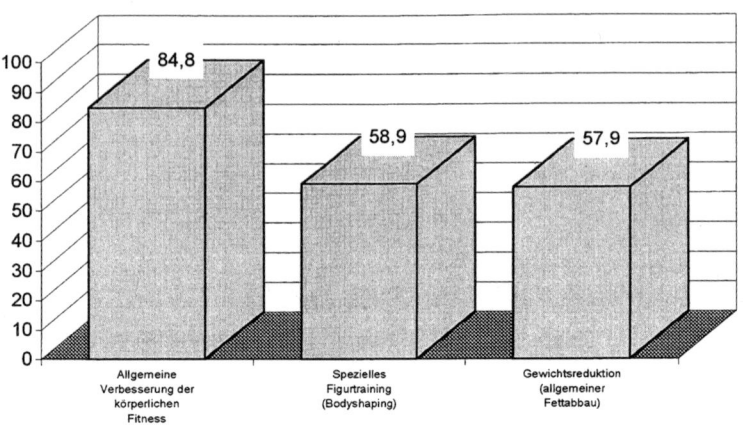

Abb. 10: Top-drei-Motive der Frauen

Das Top-Motiv, *Allgemeine Verbesserung der körperlichen Fitness,* spiegelt das gesteigerte Gesundheitsbewusstsein unter dem weiblichen Fitness-Publikum wider. Fit sein ist *in* und wer fit ist, der wird folglich auch gesellschaftlich anerkannt. Fit ist jedoch von schön kaum mehr zu trennen. Fitness wird zur Voraussetzung für Schönheit. Es überrascht daher nicht, dass zwei der Top-drei-Motive aus der Motivgruppe *Aussehen* stammen.

4.5.2 Die Top-drei-Motive der Männer

Erwartungsgemäß ist auch das am meisten favorisierte Einzelmotiv der Männer das Item *Allgemeine Verbesserung der körperlichen Fitness,* aus dem Motivkomplex *Fitness/Gesundheit,* auf das 81,1 % aller Nennungen entfallen. Insofern liegen im Vergleich zu den Frauen Parallelen vor.

An zweiter Position bestehen ebenfalls Ähnlichkeiten im Hinblick auf den Motivkomplex. Auch Männern erscheint der Motivkomplex *Aussehen* bedeutsam, allerdings weist das Item *Muskelaufbau (Bodybuilding)* mit 52,8 % die männliche Geschlechtsspezifik auf.

Die dritte Position der männlichen Motivrangfolge weist einen erheblichen Unterschied im Vergleich zum Top-drei-Motiv der Frauen auf. Männer legen mit 41,6 % eher Wert auf den *Ausgleich zu beruflichem Stress* aus der Motivgruppe *Psychisches Erleben*.

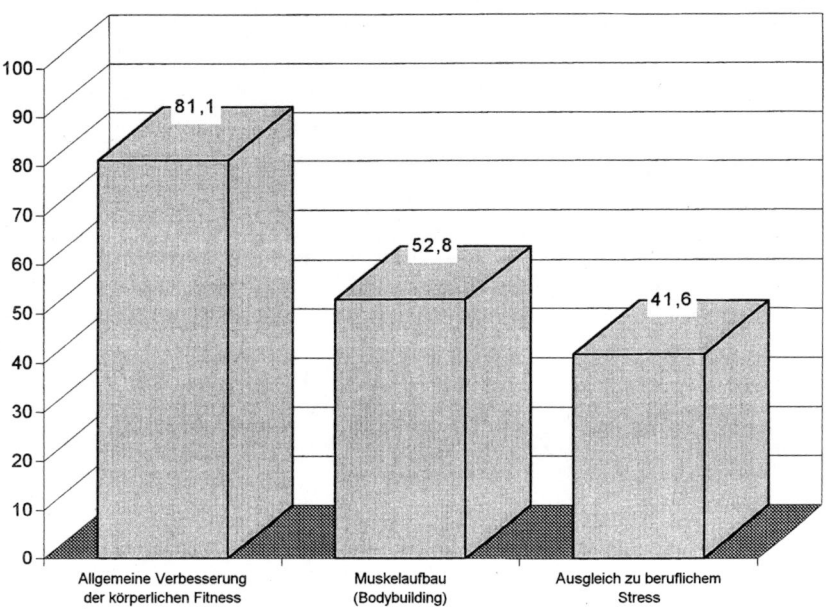

Abb. 11: Top-drei-Motive der Männer

Die Ergebnisse der Top-drei-Motivrangfolge illustrieren, dass auch in weiten Teilen des männlichen Fitness-Publikums das Gesundheitsbewusstsein ausgeprägt ist, insofern stellt dieses Motiv alleine keine Geschlechtsspezifik dar, sondern muss in Verbindung mit anderen Motiven gesehen werden.

Die Top-drei-Motivrangfolge der Männer lässt ebenso starke Erscheinungs- und Aussehen-Komponenten offenbar werden und legt die Vermutung nahe, dass sie mindestens ebenso eitel sind wie Frauen. Auch Männer instrumentalisieren ihren Körper auf der Suche nach Identität und Selbstbestätigung. Bemerkenswert erscheint das dritthäufigste männliche Motiv, *Ausgleich zu beruflichem Stress*. Das Ergebnis macht deutlich, dass Männer den Fitness-Sport eher zu Gunsten des psychischen Ausgleichs nutzen als Frauen, denen die Aussehen-Komponente bedeutsamer ist. Sie favorisieren vor dem *Ausgleich zu beruflichem Stress* Motive wie *Gewichtsreduktion* oder *Ich möchte angenehm und entspannt trainieren*. Erst an fünfter Position folgt das *Ausgleich-Motiv*.

Insgesamt belegen die Ergebnisse bei beiden Geschlechtern eine instrumentelle, also extrinsische Motivation im Fitness-Sport.

4.6 Altersspezifische Unterschiede

4.6.1 Altersspezifische motivationale Unterschiede bei Frauen

In der Häufigkeitsverteilung der Motive im Altersgang bei Frauen bestehen insgesamt bei sieben Einzelmotiven hochsignifikante Unterschiede ($p < 0.001$), zwei Items weisen sehr signifikante Unterschiede auf ($p < 0.01$), bei einem Einzelmotiv sind signifikante Unterschiede ($p < 0.05$) sowie bei fünf Items nicht signifikante Unterschiede ($p > 0.05$) zu beobachten (vgl. Tab. 5).

Motivkomplex	< 25	25 - 34	35 - 44	> 45	Sign.
„Fitness/Gesundheit"					
1 Allgemeine Verbesserung der körperlichen Fitness	84,9	85,8	86,4	77,9	*
2 Ausdauerbetontes Herz-Kreislauf-Training	20,5	28,8	33,8	31,6	***
3 Positive Beeinflussung körperlicher Beschwerden	21,4	31,1	35,4	43,2	***
„Aussehen"					
4 Gewichtsreduktion (allgemeiner Fettabbau)	63,2	56,7	54,6	50,0	**
5 Spezielles Figurtraining (Bodyshaping)	66,6	60,8	53,3	34,2	***
6 Muskelaufbau (Bodybuilding)	17,2	13,9	13,6	10,5	-
„Psychisches Erleben"					
7 Ausgleich zu beruflichem Stress	43,3	48,3	46,7	31,1	***
8 Ich möchte angenehm und entspannt trainieren	38,4	48,7	50,0	52,6	***
„Kognitive Dimension"					
9 Ich lege eher Wert auf eine kontinuierliche Anleitung und Trainingskontrolle	37,4	38,0	44,4	44,2	-
10 Ich wünche Informationen über die Übungswirkungen und anatomisches Hintergrundwissen	32,9	36,4	36,1	26,8	-
„Soziale Dimension"					
11 Ich möchte möglichst bald mein Training selbständig planen und steuern können	26,7	29,3	21,9	17,9	**
12 Ich bevorzuge ein Training mit Partner	28,1	20,6	19,9	16,3	***
„Leistung"					
13 Mir geht es hauptsächlich um die konkrete sportliche Leistung	19,6	15,0	10,3	5,3	***
„Motorische Dimension"					
14 Ergänzung zu Ihrer Sportart	6,1	8,4	7,0	3,7	-
15 Vorbereitung zu Ihrer Sportart	4,0	4,1	4,0	3,7	-

Tab. 5: Altersspezifische motivationale Unterschiede bei Frauen

Die Top-drei-Motive im Altersgang sehen dabei folgendermaßen aus: Den größten Anreizwert für Fitness-Training bei Frauen unter 25 Jahren hat unangefochten das Einzelmotiv *Allgemeine Verbesserung der körperlichen Fitness* mit 84,9 %, aus dem Motivkomplex *Fitness/Gesundheit*. An zweiter Stelle der Motivrangfolge steht das Einzelmotiv *Spezielles Figurtraining (Bodyshaping)*, aus dem Motivkomplex *Aussehen*, welches 66,6 % aller Nennungen auf sich vereint.

An dritter Position schließlich rangiert das Einzelmotiv *Gewichtsreduktion (allgemeiner Fettabbau)* mit beachtenswerten 63,2 % aller Nennungen, ebenfalls aus dem Motivbündel *Aussehen.*

Für die Top-drei- Motivrangfolge bei Frauen unter 25 Jahren gelten in etwa die gleichen Bedingungen wie in der Gesamtstichprobe. Die Betrachtung der Ergebnisse aus beiden Motivrangfolgen ergibt zunächst eine große Gemeinsamkeit: In beiden Motivrangfolgen sind im Wesentlichen identische Einzelmotive vertreten, wenngleich in umgekehrter Reihenfolge der Plätze zwei und drei. Auffällig ist die Aussehen- und Figur-Lastigkeit dieser Motivrangfolge in der jüngsten Altersklasse. Insofern lässt sich berechtigterweise davon sprechen, dass bei Frauen unter 25 Jahren das Charakteristikum Aussehen die Motivation entscheidend gestaltet.

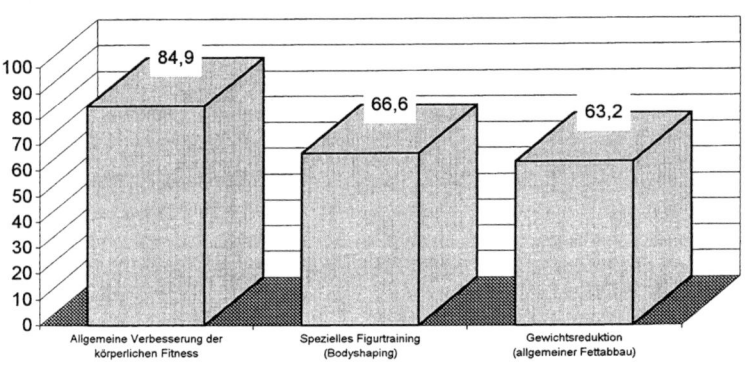

Abb. 12: Top-drei-Motive der Frauen < 25 Jahre

Die Top-drei-Motive bei Frauen in der Altersklasse 25-34 Jahre zeigen starke Korrelationen zur jüngeren Alterskategorie. Die Reihenfolge der Einzelmotive ist identisch, obleich ihre Ausprägung etwas geringer ausfällt als bei den Jüngeren. Das Top-eins-Motiv schlechthin ist auch hier erneut das Einzelmotiv *Allgemeine Verbesserung der körperlichen Fitness* (85,8 %), gefolgt vom Aussehen-Motiv *Spezielles Figurtraining* (60,8 %) und der *Gewichtsreduktion (allgemeinerFettabbau)* (56,7 %). Angesichts der hohen Prozentanteile beider Einzelmotive aus dem Motivkomplex *Aussehen* kann nachhaltig auch in dieser Alterskategorie von einer wesentlichen Bedeutung des Aussehen-Motivs mit leicht abnehmender Tendenz gesprochen werden.

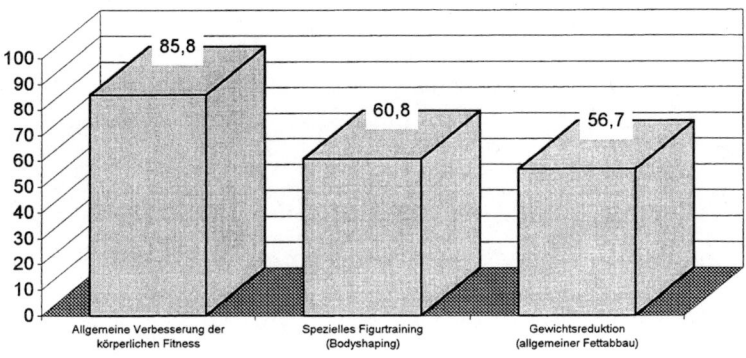

Abb. 13: Top-drei-Motive der Frauen 25-34 Jahre

Die Dominanz des Gesundheits- und Aussehen-Motivs bleibt auch in der Top-drei-Motivrangfolge bei Frauen im Alter von 35-44 Jahren erhalten. Alle drei Einzelmotive wiederholen sich erneut, allerdings ändert sich die Reihenfolge auf Platz zwei und drei. Das Einzelmotiv *Allgemeine Verbesserung der körperlichen Fitness* findet in dieser Gruppe die höchste Zustimmung (86,4 %). Der zweitwichtigste Beweggrund ist nun die *Gewichtsreduktion (allgemeiner Fettabbau)* (54,6 %), dicht gefolgt vom Einzelmotiv *Spezielles Figurtraining* (53,3 %). In dieser Altersklasse ist somit neben dem Gesundheits- und Fitness-Motiv die Gewichtsreduktion und die Straffung des Körpers etwa gleich bedeutend.

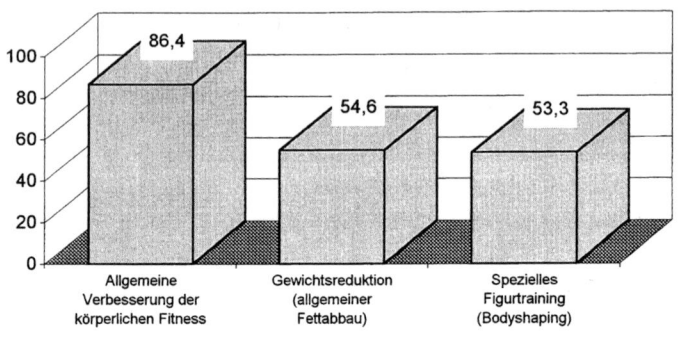

Abb. 14: Top-drei-Motive der Frauen 35-44 Jahre

Von einem „Paradigmenwechsel" lässt sich in der höchsten Altersklasse bei Frauen über 45 Jahren sprechen. Hier tritt die Dominanz
des Aussehen-Motivs zu Gunsten des Motivbündels *Psychisches Erleben* zurück. Nach wie vor steht an erster Position mit leicht sinken-
der Tendenz das Einzelmotiv *Allgemeine Verbesserung der körperlichen Fitness* mit 77,9 %. An zweiter Position kommt nun neu das Einzelmotiv *Ich möchte angenehm und entspannt trainieren* (52,6 %) aus der
Motivgruppe *Psychisches Erleben* hinzu. Im Anschluss folgt auf Platz
drei das Einzelmotiv *Gewichtsreduktion (allgemeiner Fettabbau)* mit
50 %.

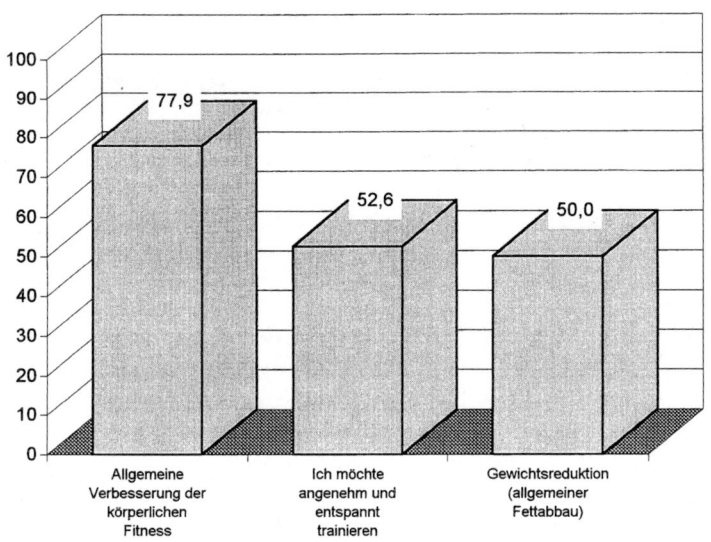

Abb. 15: Top-drei-Motive der Frauen > 45 Jahre

In allen Altersklassen ist die Prävalenz des Fitness- und Gesundheits-Motivs nicht von der Hand zu weisen. Mit großem Abstand befindet es sich in allen vier Alterskategorien an erster Position. Die Erhaltung und Verbesserung von Fitness und Gesundheit für Frauen sind der Hauptanreiz für Fitness-Training. Eher überraschend ist hingegen die Dominanz des Aussehens und der Figur in drei der vier Altersklassen, d. h. < 25, 25-34 sowie 35-44 Jahre.

In allen Top-drei-Motivrangfolgen sind die beiden Einzelmotive *Gewichtsreduktion (allgemeiner Fettabbau)* und *Spezielles Figurtraining* auf den Plätzen zwei und drei mit einem prozentualen Anteil von weit über 50 % vertreten. Auch in der höchsten Altersstufe über 45 Jahre ist die Gewichtsreduktion unter den Top-drei-Motiven platziert. Allerdings muss sie nun dem Einzelmotiv *Ich möchte angenehm und entspannt trainieren* weichen.

Dies lässt darauf schließen, dass sich ältere Frauen nicht um jeden Preis einen schönen Körper antrainieren möchten, sondern mehr Wert auf Spaß und Wohlbefinden legen. Insofern liegt eine Bedeutungsverschiebung von der eher extrinsischen Motivation zu mehr intrinsischer Motivation vor. Während jüngere Frauen eher extrinsisch motiviert sind, liegen bei älteren Frauen kombiniert extrinsisch-intrinsische Beweggründe für das Fitness-Training vor.

4.6.2 Altersspezifische motivationale Unterschiede bei Männern

In der Häufigkeitsverteilung der Motive im Altersgang bei Männern bestehen insgesamt bei acht Einzelmotiven hochsignifikante Unterschiede (p < 0.001), vier Einzelmotive weisen sehr signifikante Unterschiede auf (p < 0.01) und bei drei Items sind keine signifikanten Unterschiede (p > 0.05) vorhanden (vgl. Tab. 6).

Motivkomplex	< 25	25 - 34	35 - 44	> 45	Sign.
„Fitness/Gesundheit"					
1 Allgemeine Verbesserung der körperlichen Fitness	77,6	82,3	88,0	78,2	**
2 Ausdauerbetontes Herz-Kreislauf-Training	21,8	34,8	50,7	44,4	***
3 Positive Beeinflussung körperlicher Beschwerden	16,6	25,9	39,7	30,3	***
„Aussehen"					
4 Gewichtsreduktion (allgemeiner Fettabbau)	30,3	40,3	49,3	45,1	***
5 Spezielles Figurtraining (Bodyshaping)	17,8	18,5	13,4	7,7	**
6 Muskelaufbau (Bodybuilding)	69,3	51,9	34,0	28,2	***
„Psychisches Erleben"					
7 Ausgleich zu beruflichem Stress	26,8	46,6	63,2	42,3	***
8 Ich möchte angenehm und entspannt trainieren	24,5	38,7	53,1	62,7	***
„Kognitive Dimension"					
9 Ich lege eher Wert auf eine kontinuierliche Anleitung und Trainingskontrolle	28,4	36,1	40,7	38,7	**
10 Ich wünche Informationen über die Übungswirkungen und anatomisches Hintergrundwissen	30,3	39,1	32,1	28,2	**
„Soziale Dimension"					
11 Ich möchte möglichst bald mein Training selbständig planen und steuern können	36,9	36,0	34,4	28,2	-
12 Ich bevorzuge ein Training mit Partner	31,7	31,2	18,7	19,7	***
„Leistung"					
13 Mir geht es hauptsächlich um die konkrete sportliche Leistung	32,0	20,8	10,5	11,3	***
„Motorische Dimension"					
14 Ergänzung zu Ihrer Sportart	18,0	18,7	22,0	14,1	-
15 Vorbereitung zu Ihrer Sportart	8,3	12,6	12,9	8,5	-

Tab. 6: Altersspezifische motivationale Unterschiede bei Männern

Die Top-drei-Motive bei den Männern im Altersgang zeigen folgende Charakteristika:

Das Top-Motiv bei Männern unter 25 Jahren ist das Einzelmotiv *Allgemeine Verbesserung der körperlichen Fitness* aus dem Motivkomplex *Fitness/Gesundheit* mit 77,6 %. Gesundheit und Fitness sind auch bei Männern – unabhängig vom Alter – immer das Leitmotiv. Als zweites Top-Motiv präsentiert sich aus der Motivgruppe *Aussehen* das Einzelmotiv *Muskelaufbau (Bodybuilding)* mit 69,3 %. Dieses Motiv entspricht den bereits erwähnten Idealen von körperlicher Stärke und Männlichkeit.

An dritter Stelle der Top-drei-Motivrangfolge steht das Einzelmotiv *Ich möchte möglichst bald mein Training selbständig planen und steuern können* mit 36,9 %, aus der Motivgruppe *Soziale Dimension*. Dies ist einerseits ein Zeichen von Selbstsicherheit, zugleich deutet das Ergebnis aber auch auf das intrinsisch motivierte Streben nach Freiheit im Training hin.

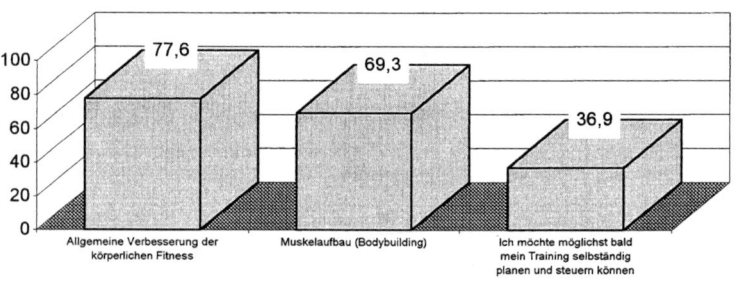

Abb. 16: Top-drei-Motive der Männer < 25 Jahre

Die Top-drei-Motivrangfolge der Männer in der Altersklasse 25-34 Jahre ähnelt bis auf die letzte Position der Rangfolge in der jüngsten Altersklasse < 25 Jahre. An erster Stelle steht erneut aus dem Motiv-komplex *Fitness/Gesundheit* das Einzelmotiv *Allgemeine Verbesse-rung der körperlichen Fitness*, allerdings liegen in dieser Altersstufe (82,3 %) höhere Werte vor als in der jüngeren Gruppe. An zweiter Position folgt wiederum das Einzelmotiv *Muskelaufbau (Bodybuilding)* mit 51,9 %, aus dem Motivkomplex *Aussehen*. Die Gründe hierfür sind identisch mit denen in der jüngeren Altersklasse. Die dritte Position der Motivrangfolge schließlich wird durch ein völlig neues Einzelmotiv komplettiert. Erstmalig taucht das Einzelmotiv *Ausgleich zu beruflichem Stress* (46,6 %) aus dem Motivbündel *Psychisches Erleben* auf.

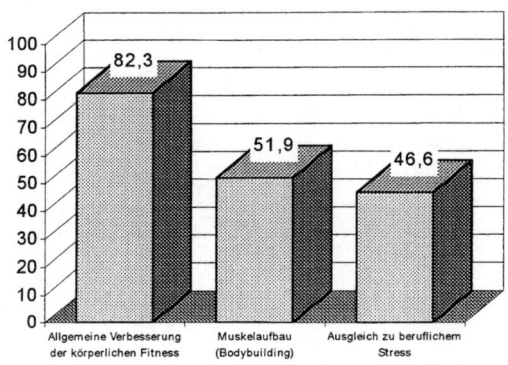

Abb. 17: Top-drei-Motive der Männer 25-34 Jahre

Auch in der Gruppe 35-44 Jahre steht unangefochten an erster Position das Top-Motiv *Allgemeine Verbesserung der körperlichen Fitness* mit der höchsten Prozentzahl (88,0 %). Danach ändert sich die zweite Position der Motivrangfolge in dieser Altersklasse im Vergleich zu den beiden jüngeren Gruppen. Nicht mehr der *Muskelaufbau* steht an zweiter Stelle, sondern der *Ausgleich zu beruflichem Stress,* aus dem Motivkomplex *Psychisches Erleben,* mit deutlichen 63,2 %. Auf dem dritten Platz rangiert schließlich das Einzelmotiv *Ich möchte angenehm und entspannt trainieren,* ebenfalls aus dem Motivbündel *Psychisches Erleben,* mit 53,1 % aller Nennungen. Männer dieser Altersstufe fürchten verstärkt um ihre Gesundheit, weil sie beruflich und familiär stark eingebunden sind und hohen Anforderungen an Körper und Psyche gerecht werden müssen. Die beiden Einzelmotive auf Platz zwei und drei unterstreichen das Streben nach psychophysischem Wohlbefinden in dieser Altersstufe.

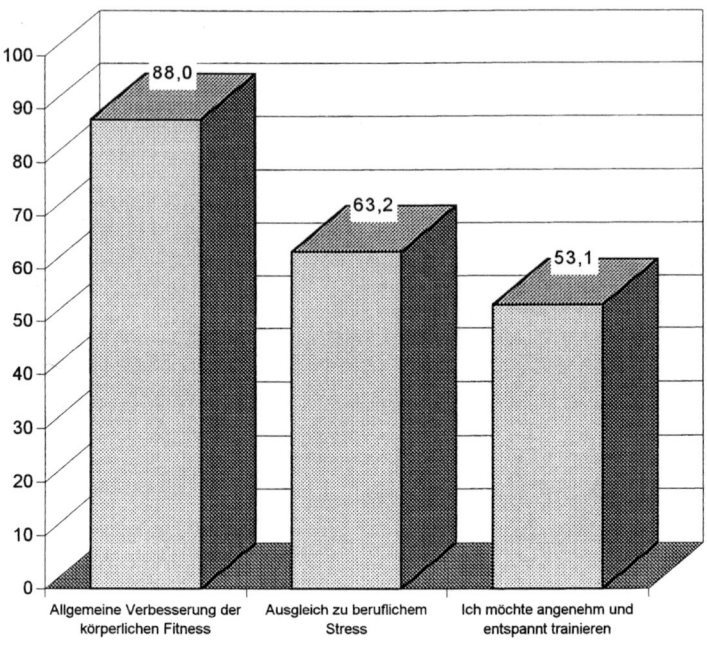

Abb. 18: Top-drei-Motive der Männer 35-44 Jahre

Motiv Nummer eins bei den über 45-Jährigen ist erwartungsgemäß das Einzelmotiv *Allgemeine Verbesserung der körperlichen Fitness* mit 78,2 %, aus dem Motivkomplex *Fitness/Gesundheit*. Mit einigem Abstand folgt auf Platz zwei das Einzelmotiv *Ich möchte angenehm und entspannt trainieren* mit 62,7 %, aus dem Motivkomplex *Psychisches Erleben*. Diese Altersgruppe strebt besonders nach Freude und psychischem Wohlbefinden im Fitness-Training.

Vor allem ernährungsbedingt, aber auch aufgrund von Bewegungsmangel, haben Männer dieses Alters Gewichtsprobleme. Daher ist gerade die Gewichtsabnahme ein wesentlicher Anreiz für Fitness-Training. Auf Platz drei der Motivrangfolge rangiert deshalb das Einzelmotiv *Gewichtsreduktion (allgemeiner Fettabbau)* mit 45,1 %, aus dem Motivkomplex *Aussehen*.

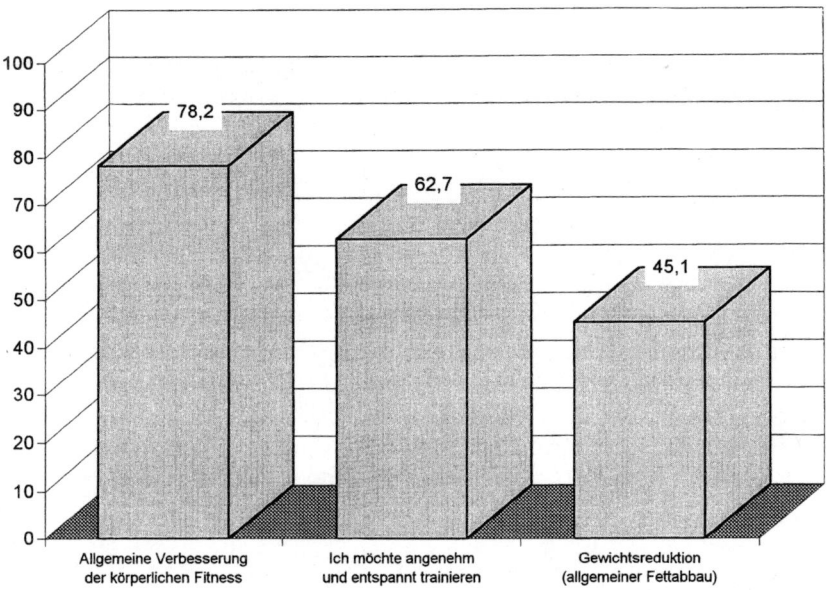

Abb. 19: Top-drei-Motive der Männer > 45 Jahre

In allen Altersstufen weisen die Top-drei-Motivrangfolgen der Männer im Vergleich zu den Frauen kein homogenes Bild auf. Mit großem Abstand steht an erster Stelle das Einzelmotiv *Allgemeine Verbesserung der körperlichen Fitness.* Als Charakteristikum weisen die beiden Altersklassen < 25 Jahre und 25-34 Jahre das Einzelmotiv *Muskelaufbau (Bodybuilding)* auf, so dass *Gesundheit/Fitness* und *Aussehen* die beiden Leitmotive der jüngeren Altersklassen sind. Hinzu kommt die verhältnismäßig starke soziale Dimension bei den Jüngsten, < 25 Jahre, die auf eine frühe Selbständigkeit und Selbstsicherheit hindeutet.

Eine Gemeinsamkeit besteht ebenfalls zwischen den Altersstufen 25-34 Jahre und 35-44 Jahre im Hinblick auf das Einzelmotiv *Ausgleich zu beruflichem Stress.* Wenngleich die Positionen innerhalb der Top-drei-Rangfolge wechseln, so kann doch davon ausgegangen werden, dass beide Altersstufen beruflich stark eingebunden sind und entsprechend das Bedürfnis nach Ausgleich zum Berufsstress besteht.

Gemeinsamkeiten sind ebenso in den Altersklassen 35-44 Jahre und > 45 Jahre vorhanden. In beiden Altersstufen steht an zweiter bzw. dritter Position das Einzelmotiv *Ich möchte angenehm und entspannt trainieren*. Angesichts dessen kann für diese Altersgruppen vom Charakteristikum „Freude und psychisches Wohlbefinden" gesprochen werden. Diese Komponenten weisen zudem auch darauf hin, dass bei Männern dieser Altersklassen eine kombinierte extrinsisch-intrinsische Motivation vorliegt.

Bemerkenswert ist in der ältesten Gruppe > 45 erneut das starke Aussehen-Element, wie in den beiden jüngsten Altersklassen. Allerdings lässt das Einzelmotiv *Gewichtsreduktion (allgemeiner Fettabbau)* bei den Älteren auf eine Veränderung der Schönheitsideale zurückschließen. Nicht die Muskeln sind gefragt, sondern das schlanke elegante Erscheinungsbild.

5 Zusammenfassung

In den vergangenen drei Jahrzehnten hat ein tiefgreifender gesellschaftlicher Wandel stattgefunden. Politische, ökologische und wirtschaftliche Faktoren haben in dieser Zeit erheblichen Einfluss auf den beruflichen Bereich, die Privatsphäre und die Freizeit genommen. Historisch betrachtet ist die Freizeit, wie sie heute existiert, ein soziales Phänomen, das sich erst seit Beginn der Industrialisierung entwickelt hat. Während in früheren Zeiten Selbstverwirklichung und Sinnfindung in der Arbeit gesucht wurden, hat sich dieses Phänomen auf den Bereich der Freizeit verschoben. Die sinkende und flexiblere Wochenarbeitszeit ermöglicht ein Mehr an Freizeitaktivitäten auch an Werktagen, in Morgen- und Abendstunden sowie an Samstagen. Die Verkürzung der Lebensarbeitszeit, z. B. durch Frühpensionierungen, trägt darüber hinaus auch zur Erhöhung der Freizeit im Alter bei.

Die gestiegene Lebenserwartung, mehr Single-Haushalte und ein höheres Bildungsniveau verändern die demographische Zusammensetzung der Gesellschaft und deren Freizeitverhalten in einem fortlaufenden Prozess. Die gestiegenen Einkommen eröffnen die Möglichkeit des vermehrten Konsums von Gütern, insbesondere Waren und Dienstleistungen der Freizeitindustrie, und fördern damit die positiven Rahmenbedingungen für die Entwicklung des Freizeitsektors. Technische Erfindungen haben neue Formen der Freizeitbeschäftigung möglich gemacht und wissenschaftliche Erkenntnisse haben das Freizeitverhalten ebenfalls beeinflusst.

Der gesellschaftliche Wandel und die Zunahme der Freizeit haben zu einem neuen Sportverständnis geführt. Der Sport ist nicht länger nur Hochleistungssport, sondern auch Gesundheits- und Freizeitsport und hat somit für den einzelnen an Attraktivität gewonnen. Die Veränderung der Nachfrage nach mehr, und vor allem nach einer anderen Art von Sport, hat einen Strukturwandel des Angebots zur Folge. Viele klassische Sportarten sind durch neue populäre Sportarten in ihrer Ausschließlichkeit beeinträchtigt worden.

Mit dem Wandel des Sports geht ebenfalls eine Änderung der sportbezogenen Motive der Menschen einher. War der Sport der 50er und 60er Jahre durch Begriffe wie *Leistung*, *Wettkampf* oder *Rekord* geprägt, so stehen heute an ihrer Stelle die Motive *Gesundheit/Fitness*,

Spaß, Ausgleich, Wohlbefinden, Aussehen und *Geselligkeit* in der Gunst der sportlich Aktiven.

Die Lebensbedingungen moderner Industriegesellschaften und ihre Auswirkungen auf die Gesundheit sind dafür verantwortlich, dass sich zusehends mehr Menschen um ihre körperliche Fitness sorgen und gesundheitsorientierte Angebote nachfragen. Die Gesundheit selbst wird in der Gesellschaft häufig als ein *bedrohtes und knappes Gut* betrachtet. Die Sicherung und Förderung der Gesundheit ist daher zu einem zentralen Problem geworden. Folglich bemühen sich die Menschen, ihre Lebensbedingungen so zu beinflussen, dass Risikofaktoren für Krankheiten minimiert oder durch entsprechende Maßnahmen kompensiert werden.

Das Bewusstsein für das Vorhandensein von gesundheitsgefährdenden Risikofaktoren hat das Interesse für den eigenen Körper geweckt. Der Körper gewinnt in unserer Leistungsgesellschaft immer mehr an Bedeutung. Funktioniert er nicht, verliert der Mensch an gesellschaftlichem Ansehen, das in starkem Maße über seinen Körper definiert wird.

Ein leistungsfähiger und gesunder Körper dient als Mittel zur Selbstdarstellung und steht für Widerstandsfähigkeit, die den Menschen dazu befähigt, den Problemen der modernen Gesellschaft zu begegnen.

Am neuen *Schönheitsideal Körperfitness* lässt sich der soziale Erfolg und die individuelle Glücksfähigkeit ablesen. Der Körper verhilft dem Menschen zur individuellen Sinnfindung und wird zum Statussymbol, das entsprechend den neuen Werten von Jugendlichkeit, Fitness, Schlankheit und Sportlichkeit geformt sein will. Dabei besteht die Funktion der Muskeln weniger in der Verwendung der Muskelkraft als in der Präsentation.

Das Bedürfnis nach einer Identität und die Sorge um die Gesundheit haben den Marktwert der Fitness stark erhöht. Der Begriff *Fitness* ist ein Sinnbild für *physische, psychische* und *soziale Leistungsfähigkeit,* er steht aber auch zugleich für *Gesundheit, Modernität, Erfolg* und *gesellschaftliche Anerkennung.* Daneben sind mit dem Terminus ebenso auch positive Eigenschaften wie *Sportlichkeit, Selbstsicherheit, lockeres Auftreten* und nicht zuletzt *gutes Aussehen* konnotiert.

Diese Eigenschaften sind gerade in einer Zeit des allgemeinen Verfalls verbindlicher Werte und Normen wesentliche identitätsbildende Faktoren. Die Fitness-Branche trägt dem damit verbundenen neuen Lebensgefühl Rechnung, indem sie ihre sportlichen Angebote weg vom Bodybuilding-Studio alter Prägung hin zum gesundheitsorientierten Fitness-Club ausdifferenziert.

Noch bis vor ein paar Jahren haftete den Fitness-Clubs der schlechte Ruf der Bodybuilding-Branche an. Seit aber breite Bevölkerungsteile Zugang zum Fitness-Sport gefunden haben, hat sich auch das Negativimage von der Folterkammer für narzisstisch veranlagte, muskelbepackte Prahlhanse relativiert. Die modernen gesundheitsorientierten Fitness-Clubs tragen zur Förderung und Wiederherstellung der Gesundheit bei. Mit Hilfe eines nach den Prinzipien der Trainingslehre durchgeführten Trainings der motorischen Fitness-Elemente mit präventiv-medizinischer Ausrichtung, das Priorität setzt auf Freude und Spaß und dabei die individuellen Wünsche und Bedürfnisse der Mitglieder nicht außer Acht lässt, können Wohlbefinden und Leistungsfähigkeit sowie die Widerstandsfähigkeit gegenüber Krankheiten erhöht werden. Zur Erreichung dieses Ziels sind neben einer kompetenten fachlichen Betreuung vorrangig neue wirksame Motivationsstrategien nötig, um das Fundament für ein lebenslanges Sporttreiben mit den erhofften präventiven Effekten zu legen.

Die Entwicklungsgeschichte der Fitness-Bewegung macht deutlich, dass sich Fitness-Clubs moderner Prägung zu kommerziellen Dienstleistungsunternehmen entwickelt haben, die nach betriebswirtschaftlichen Gesichtspunkten geleitet werden und deshalb ein marktorientiertes Angebot präsentieren. Wie erfolgreich diese Unternehmen in der Zukunft auf dem schnelllebigen Fitness-Markt sein werden, wird nicht allein von sinnvollen Innovationen, marktorientiertem Verhalten und Flexibilität abhängen. Wenn das kommerzielle Interesse über dem persönlichen Wohlbefinden der Menschen steht, wird sich dies nicht auszahlen. Wirtschaftsdenken allein ist kein Garant für langfristigen Erfolg. Um jedoch dieses persönliche Wohlbefinden des Menschen langfristig zu fördern, bedarf es individueller und bedarfsgerechter Lösungen, die eine Kenntnis der sportart-, geschlechts- und altersspezifischen Motive voraussetzt. Einen Beitrag zur Erhellung der menschlichen Handlungsmotivation im allgemeinen und der freizeitsportlichen Motive im speziellen kann die Motivationsforschung leisten.

Der allgemeine Ausgangspunkt der Motivationspsychologie ist die Frage nach dem *Warum*, denn sie beschäftigt sich mit den äußeren und inneren Bedingungen menschlichen Handelns. Zur Erklärung der Vielfalt dieses menschlichen Verhaltens bedient sie sich der Termini *Motiv* und *Motivation* aus der Soziologie und Psychologie, die ihrerseits Bezeichnungen für ein *hypothetisches Konstrukt* sind. Dieses hypothetische Konstrukt basiert auf Verhaltensbeobachtungen sowie Verhaltenstheorien und wird zur Erklärung eines Phänomens herangezogen, das nicht unmittelbar erkenn- und messbar ist.

Motiv ist kein beschreibender, sondern ein erklärender Begriff. Motive sind Wertungsdispositionen, die das Individuum charakterisieren und sein Handeln leiten. Sie sind keine angeborenen, überlebensnotwendigen Bedürfnisse, wie etwa Hunger, Durst oder Schlaf. Vielmehr werden sie im Laufe der ontogenetischen Entwicklung erlernt und manifestieren sich während des Sozialisationsprozesses des Individuums durch den Einfluss der Umwelt.

Während ein Motiv als ein latentes und überdauerndes Phänomenon beschrieben wird, stellt die *Motivation* die konkrete Aktualisierung eines Motivs in einer bestimmten Situation dar. Anders als das Motiv ist sie kein erklärendes Konstrukt, sondern ein Sammelbegriff für eine Vielfalt von Prozessen und Effekten. Diese Prozesse machen das menschliche Verhalten transparent und zeigen auf, dass Individuen ihr Handeln von den zu erwartenden Folgen abhängig machen und Energien einsetzen, um ein Ziel zu erreichen.

Motivation kann *extrinsischer* und *intrinsischer Natur* sein. Sachfremde Komponenten, wie z. B. Strafvermeidung, soziales Ansehen oder materielle Werte, sind charakteristisch für die extrinsische Motivation. Bei der intrinsischen Motivation wird die Anreizsetzung durch die Sache selbst initiiert, sie ist demnach sachbezogen. Intrinsische Motivationen entfalten ihr Anregungspotential erst, wenn zuvor extrinsische Grundbedürfnisse in einem bestimmten Maß befriedigt wurden. So strebt der Mensch erst dann nach neuen immateriellen Erlebnissen, wenn er materiell verhältnismäßig gut versorgt ist.

Von besonderer Bedeutung für im Sport Tätige ist die Frage nach den Beweggründen für eine sportliche Handlung. Die Beantwortung dieser Frage fördert nicht nur die Nachvollziehbarkeit menschlichen Verhaltens, sondern sie lässt auf diese Weise ebenso neue Schlussfolgerungen für die Methodik und Didaktik bzw. die Gestaltung eines Angebots im Sport zu.

Motive im Freizeitsport sind keine monokausalen Phänomene, denn sie sind auf komplexen, multimotivierten Strukturen begründet, die physische, psychische, soziale und historische Ursprünge haben können. Neben *interindividuellen Unterschieden* bestehen ebenso *intraindividuelle Entwicklungen*. Dies wird im Vergleich von *Zuwendungs- und Ausübungsmotivation* evident. Die eindeutig dominierenden Motive sind: *Gesundheit/Fitness*, gefolgt von *Freude/Spaß, Ausgleich, Wohlbefinden, Kontakt, Leistung* und *Aussehen*. Diese Motive finden sich auch im Fitness-Sport, jedoch sind hier Differenzierungen vorzunehmen.

Das wohl wichtigste Resultat und die zentrale Aussage dieser Untersuchung ist das nachdrückliche Gesundheitsbewusstsein der Menschen im Fitness-Sport. Die überlegene Mehrheit der Fitness-Sportler und -Sportlerinnen geht zweifellos von der gesundheitserhaltenden und gesundheitsfördernden Wirkung des Fitness-Sports aus. *Fitness und Gesundheit* sind somit das zentrale Top-Motiv des Fitness-Sports, wie das Ergebnis der Gesamtstichprobe nahelegt. Die Ursachen liegen auf der Hand.

Da in unserer heutigen Gesellschaft das Schönheitsideal Körper allenthalben gepriesen wird, ist es kein Wunder, dass ausgerechnet das Aussehen-Motiv *Gewichtsreduktion (allgemeiner Fettabbau)* an zweiter Stelle der Top-drei-Motivrangfolge dieser Untersuchung steht.

Fitness-Sport ist für viele Menschen ein wichtiges Mittel zur Kompensation der beruflichen Belastung. Die Top-drei-Motivrangfolge wird deshalb vom Motiv *Ausgleich zu beruflichem Stress* komplettiert.

Die Top-drei-Motivrangfolge aus der Gesamtstichprobe spiegelt sich teilweise in den Top-drei-Motivrangfolgen von Männern und Frauen wider. Die Top-drei-Motive bei Frauen entstammen den beiden Motivkomplexen *Fitness/Gesundheit* und *Aussehen*. Neben dem Top-eins-Motiv *Allgemeine Verbesserung der körperlichen Fitness* lassen die Top-Motive auf den Plätzen zwei und drei eine starke Figur- und Aussehen-Lastigkeit bei Frauen offenbar werden.

Die Ergebnisse der Top-drei-Motivrangfolge bei den Männern unterstreichen, dass auch dieses Fitness-Publikum weitgehend ein hohes Gesundheitsbewusstsein besitzt. Insofern stellt der erste Platz der Top-Motivrangfolge mit dem Einzelmotiv *Allgemeine Verbesserung der körperlichen Fitness* keine Geschlechtsspezifik dar. An zweiter Position der Top-drei-Motivrangfolge steht ebenfalls ein Aussehen-Motiv, wenn auch mit der männlichen Geschlechtsspezifik *Muskelaufbau*. Erst die dritte Postion der Motivrangfolge weist einen Paradigmenwechsel auf. Männern ist der *Ausgleich zu beruflichem Stress* und somit das Bedürfnis nach psychischem Erleben wichtiger als Frauen. Zwar empfinden den Resultaten zufolge auch Frauen eine erhebliche psychische Belastung durch ihren Beruf, in der Top-drei-Motivrangfolge aber weicht dieses Motiv zugunsten der Aussehen-Motive auf die hinteren Ränge zurück.

Bei den Top-drei-Motiven der Frauen im Altersgang ist die Prävalenz des Fitness- und Gesundheits-Motivs in allen Altersklassen hervorzuheben, denn es ist bei jungen und älteren Frauen gleichermaßen das Motiv mit der zentralen Bedeutung. Die Erhaltung und Förderung der Gesundheit ist somit das Motiv für Fitness-Training schlechthin. Der zweite Hauptanreiz für die Ausübung des Fitness-Sports ist die Aussehen- und Erscheinungskomponente, vor allem für die Altersstufen < 25, 25-34 und 35-44 Jahre. Ältere Frauen legen hingegen mehr Wert auf Spaß und Wohlbefinden.

Solche Gemeinsamkeiten und Divergenzen liegen auch in den vier Altersstufen der Männer vor. Mit deutlichem Abstand zu allen übrigen Motiven steht an erster Position der Top-drei-Motivrangfolgen das Gesundheits-Motiv. Ein zweites Leitmotiv der jüngeren Altersklassen < 25 und 25-34 Jahre ist zudem die Aussehen-Komponente *Muskelaufbau*. Ein Charakteristikum der jüngsten Altersklasse < 25 Jahre ist darüber hinaus das intrinsische Motiv nach Selbstbestimmung und Unabhängigkeit im Fitness-Training. Dies weist insbesondere darauf hin, dass gerade die jüngsten männlichen Fitness-Sportler sich als Ursprungsort ihres sportlichen Verhaltens sehen wollen.

Männern und Frauen kann insgesamt gesehen aufgrund der vorliegenden Ergebnisse eine eindeutig extrinsische Motivation im Fitness-Sport bescheinigt werden. Berechtigterweise stellt sich jedoch die Frage, ob langfristig eine rein extrinsische Motivation das Fitness-Publikum bei der Stange halten kann.

6 Abkürzungs- und Symbolverzeichnis

Abb.	Abbildung
B.A.T	B.A.T-Freizeit-Forschungsinstitut Hamburg
bzw.	beziehungsweise
DGF	Deutsche Gesellschaft für Freizeit
d. h.	das heißt
DSSV	Deutscher Sportstudio Verband
DVZ	Deutsche Volleyball Zeitung
ebd.	ebenda
et al.	et alii
etc.	et cetera
ff.	folgende
Hrsg.	Herausgeber
HT 16	Hamburger Turnerschaft von 1816
LSB NW	Landessportbund Nordrhein-Westfalen
m. E.	meines Erachtens
SGB V	Sozialgesetzbuch Fünftes Buch
Sign.	Signifikanz
Tab.	Tabelle
u. U.	unter Umständen
vgl.	vergleiche
u. a.	und andere(s)
u. a. m.	und anderes mehr
u. s. w.	und so weiter
z. B.	zum Beispiel
WHO	World Health Organisation

7 Symbolverzeichnis

p	Signifikanzniveau
>	größer als
<	kleiner als
%	Prozent
§	Paragraph

8 Tabellenverzeichnis

9 Abbildungsverzeichnis

10 Literaturverzeichnis

Abele-Brehm, A./Brehm, W.: Sportliche Aktivität als gesundheits-bezogenes Handeln. In: Schwarzer, R. (Hrsg.): Gesundheitspsychologie. Göttingen [1990].

Abele-Brehm, A./Brehm, W.: „Gesundheit" als Anreiz für freizeitsportliche Aktivitäten im Erwachsenenalter? In: Körndle, H. (Hrsg.): Der Beitrag der Sportpsychologie zur Zielbestimmung einer modernen Erziehung und Ausbildung im Sport. Betrifft: Psychologie und Sport, Bd. 23. Köln [1990].

Abraham, A./Hanft, K./Quinten, S.: Zu Kategorien der Gymnastik. In: Bannmüller, E./Röthig, P.: Grundlagen und Perspektiven ästhetischer und rhythmischer Bewegungserziehung. Stuttgart [1990].

Agricola, S./Haag, A./Stoffers, M. (Hrsg.): Freizeitwirtschaft–Märkte und Konsumwelten. Erkrath/Wuppertal [1990].

Agricola, S.: Zeitsouveränität, Illusion oder Möglichkeit? Erkrath [1990].

Agricola, S.: Freizeitwirtschaft und Freizeitmarkt in der Bundesrepublik Deutschland. In: Agricola, S./ Haag, A. /Stoffers, M.: (Hrsg.): Freizeitwirtschaft – Märkte und Konsumwelten. Erkrath/Wuppertal [1990 b].

Allmer, H.: Zur Diagnostik der Leistungsmotivation. Konstruktion eines sportspezifischen Motivationsfragebogens. Ahrensburg [1973].

Allmer, H.: Kontrollierbarkeit des Alterns durch sportliche Tätigkeit. In: Zeitschrift für Gerontologie, 15 [1982].

Allmer, H.: Sporting activities in the individual life from the view of older persons. Strassbourg [1985].

Allmer, H.: Veränderung des Anreizwertes der sportlichen Aktivität. In: Baumann, H. (Hrsg.): Älter werden – fit bleiben. Ahrensburg [1988 a].

Allmer, H.: Veränderungen sportbezogener Intentionen. In: Baumann, H. (Hrsg.): Älter werden – fit bleiben. Ahrensburg [1988 b].

Allmer, H.: Veränderungen des individuellen Bezugs zur sportlichen Tätigkeit. In: Baumann, H. (Hrsg.): Älter werden – fit bleiben. Ahrensburg [1988 c].

Allmer, H.: Incentives for physical activities in older persons. In: Harris, S./Harris, R./Harris, W. S. (Hrsg.): Physical activity, aging and sports, Vol. 2: Practice, programm and policy. Albany [1992 a].

Anders, G.: Sport im Wandel komplexer Gesellschaften. In: Anders, G. (Hrsg.): Vereinssport an der Wachstumsgrenze? – Sport in der Krise der Industriegesellschaften. Witten [1990].

Artus, H. G.: Jugend- und Freizeitsport. Schriftenreihe des Instituts für Leibesübungen der Uni Hamburg [1974].

Artus, H. G.: Untersuchungen zur Motivation bei Jugendlichen im Breitensport. In: Ausschuss Deutscher Leibeserziehung (Hrsg.): Motivation im Sport. Schorndorf [1971].

Bachmann, K.: Wieviel Sport braucht der Mensch? In: GEO – Wissen, 1 [1994].

B.A.T-Freizeit-Forschungsinstitut: Neue Trends im Freizeitsport. Hamburg [1994].

Barb-Priebe, I.: Gesundheit und Sport in Essen. Projektbericht der Modellphase 1986-1989. Arbeitsgemeinschaft Gesundheit und Sport. Essen [1991].

Baska, L.: Vergleichende Studie. Die Gemeinsamkeiten und Unterschiede bei den Fitness-Studios im Verein und den Fitness-Studios von kommerziellen Sportanbietern. Frankfurt [1991].

Beckers, E.: Körperfassaden und Fitness-Ideologie. Wiederkehr des Körpers in der Fitness-Bewegung? In: Schulz, N./Allmer, H. (Hrsg.): Fitness-Studios. Köln [1988].

Bednarek, J.: Bodybuilding als Freizeitaktivität und Lebensinhalt. In: Klein, M. (Hrsg.): Sport und Körper. Reinbek [1984].

Bette, K.-H.: Körperspuren – Zur Semantik und Paradoxie moderner Körperlichkeit. Berlin/New York [1989].

Beuker, F.: „Leitgedanken zu Fitness – Heute". In: Beuker, F. (Hrsg.): Fitness – Heute: Standortbestimmungen aus Wissenschaft und Praxis (DGF). Erkrath [1993].

Beutel, P./Schubö, W.: Statistik-Programm-System für die Sozialwissenschaften. Stuttgart/New York [1983].

Biener, K.: Sportverhalten und Motivation zum Sport. In: Sozial- und Präventivmedizin, 21 [1976].

Biener, K.: Repräsentativstudie über das Sportverhalten und das Sportinteresse berufstätiger Frauen. In: Jugend und Sport, 1 [1980].

Bierhoff-Alfermann, D.: Sportpsychologie. Köln/Mainz [1986].

Bittorf, W.: Jede Faser winselt um Gnade. In: Der Spiegel, 22 [1985].

Bloss, H.: Motive und Einstellungen von Berufsschülern zur sportlichen Betätigung. In: ADL (Hrsg.): Motivation im Sport. Schorndorf [1973].

Borgers, W.: Von der Motivationsmaschine zum Fitness-Studio. In: Schulz, N./Allmer, H.: Fitness-Studios. Köln [1988].

Bös, K./Woll, A.: Kommunale Sportentwicklung. Eine empirische Untersuchung zu den Entwicklungsmöglichkeiten des Sports in Bad Schönborn. Erlensee [1989].

Bös, K./Wydra, G./Karisch,G.: Gesundheitsförderung durch Bewegung, Spiel und Sport. Ziele und Methoden des Gesundheitsports in der Klinik. Erlangen [1992].

Bourdieu, P.: Die feinen Unterschiede. Frankfurt [1982].

Brackhane, R.: Motivationale Aspekte des Sports. In: Thomas, A. (Hrsg.): Sportpsychologie. München/Wien/Baltimore [1982].

Bredenkamp, A.: Auf den Spuren der starken Männer: Von Herkules bis Arnold Schwarzenegger. Bünde [1993].

Brehm, W./Kurz, D.: Sport ab 50. Eine Analyse im pädagogischen Interesse am Beispiel einer Kommune und eines Großvereins. Bielefeld [1988].

Brockhaus. Enzyklopädie, Bd. 7. Mannheim [1988].

Bundesministerium für Gesundheit (Hrsg.): Statistisches Taschenbuch Gesundheit. Bonn [1994].

Clauß, G./Ebner, H.: Grundlagen der Statistik. Thun/Frankfurt [1985].

Cotta, H.: Sport treiben! Gesund bleiben. München [1988].

Csikszentmihalyi, M.: Das Flow-Erlebnis. Stuttgart [1991³].

De Charms, R.: Personal causation. New York [1968].

Deci, E. L.: Intrinsic motivation, extrinsic reinforcement and inequity. In: Journal of Personality and Social Psychology, 18 [1972].

Denk, H./Pache, D.: Bewegungs- und Sportaktivitäten aus der Sicht der Älteren – Tendenzen einer Einstellungserhebung 1992. BAGSO-Nachrichten 3. Meckenheim [1992].

Denk, H./Pache, D.: Evaluierung der Bedürfnissituation Älterer in Bezug auf Bewegung, Spiel und Sport. Forschungsbericht im Auftrag des BMFSFJ. Bonn [1995].

DGF (Hrsg.): Freizeit in Deutschland 1995, Bd. 2. Erkrath [1995].

Die Continentale Krankenversicherung AG: Ergebnisse einer Kundenbefragung zum Thema Gesundheit. Dortmund [1994] (unveröffentlicht).

Dietrich, K./Heinemann, K./Schubert, M.: Kommerzielle Sportanbieter: Eine empirische Studie zu Nachfrage, Angebot und Beschäftigungschancen im privaten Sportmarkt. Schorndorf [1990].

Digel, H.: Über den Wandel der Werte in Gesellschaft, Freizeit und Sport. In: Deutscher Sportbund (Hrsg.): Die Zukunft des Sports. Schorndorf [1986].

Digel, H.: Wertewandel im Sport – Eine These und deren begriffliche, theoretische und methodische Schwierigkeiten. In: Anders, G. (Hrsg.): Vereinssport an der Wachtumsgrenze? – Sport in der Krise der Industriegesellschaften. Witten [1990].

Dollase, R.: Freizeit findet im Kopfe statt. In: Fromme, J./Hatzfeld, W./Tokarski, W. (Hrsg.): Zeiterleben – Zeitverläufe – Zeitsysteme. Bielefeld [1990].

Drosdowski, G.: Duden. Deutsches Universalwörterbuch. Mannheim [1989].

DVZ (Hrsg.): Gesundheit als Sportmotivation Nummer 1. In: Deutsche Volleyball Zeitung. Special „Sport und Gesundheit", 3 [1994].

Eberle, G.: SKV Durchblick. Bonn [1993].

Eberspächer, H.: Motivation. In: Eberspächer, H. (Hrsg.): Handlexikon Sportwissenschaft. Reinbek [1987].

Eberspächer, H.: Was macht Fitness-Studios attraktiv aus der Sicht der Psychologen? In: Willi-Weyer-Akademieschrift (43). Fitness-Studio im Verein. Berlin [1987].

Emrich, E.: Bodybuilding aus Athletensicht. Analysen, Interpretationen und Assoziationen. In: Sportökonomie, Bd. 6. Witten [1992].

Erdmann, R. (Hrsg.): Motive und Einstellungen im Sport. Schorndorf [1983].

Erdmann, R.: Relativierte Macht. Schriften der Deutschen Sporthochschule Köln, Bd. 19. Sankt Augustin [1987].

Everson, Jeff.: Der Körper der 80er Jahre. In: Sportrevue, 2 [1988].

Fitness und Fun: AOK Broschüre. Ratgeber Fitness-Studios. Bonn [1995].

Fontane, P. E./Hurd, P. D.: Self-perceptions of national senior Olympians. Behavior, health and aging, 2 [1992].

Franke, E./Becker, P./Digel, H./Klein, M./Pilz, G. A. (Hrsg.): Sport und Freizeit. Reinbek [1983].

Freyer, W.: Handbuch des Sport-Marketing. Wiesbaden [1991].

Fuchs, W. (Hrsg.): Lexikon der Soziologie. Opladen [1978^2].

Gabler, H.: Motive und Motivationen im Sport. In: Grupe, O. (Hrsg.): Sporttheorie in der gymnasialen Oberstufe. Sportübergreifende Beiträge, Bd. 1. Schorndorf [1980].

Gabler, H.: Motivationale Aspekte sportlicher Handlungen. In: Gabler, H./Nitsch, J. R./Singer, R.: Einführung in die Sportpsychologie. Schorndorf [1986].

Gesundheitsförderung: Fitness-Studio – Sport und Kultur, 1 [1994].

Godin, G./Shepard, R. J.: Psychological factors influencing intentions to exercise in a group of individuals ranging from 45 to 74 years of age. In: Berridge, M. E./Ward, G. R. (Hrsg.): International perspectives on adapted physical activity. Champaign [1987].

Gollwitzer, P.: Abwägen und Planen. Göttingen [1991].

Gross, P.: Die Partnerschaft von Freizeitwirtschaft und Kommunen. In: R u. H Werbeagentur (Hrsg.): Freizeitinfrastruktur in Städten. Essen [1992].

Großhans, L.: Wege zur neuen Figur. In: Harper's Bazar, 4 [1989].

Grössing, S./Speiser, I./Altenberger, H.: Sportmotivation. Salzburg [1973].

Grupe, O./Krüger, M.: Fitness-Studios im Verein als „verfremdete Sportkultur". In: Ilker, H.-G./Ramme, M. (Hrsg.): Fitness-Studio im Verein. Ahrensburg [1990].

Grupe, O.: Von der Verantwortung der Person und der Verpflichtung der Organisation. In: Deutscher Sportbund (Hrsg.): Menschen im Sport 2000. Schorndorf [1988].

Gütegemeinschaft Gesundheitssportzentrum e.V.: RAL-Gütezeichen Fitnesszentrum. Güte- und Prüfbestimmungen für gesundheitsorientierte Fitnesseinrichtungen. Köln [1993].

Hackfort, D.: Die Zuwendung zum Sport und die Ausübung körperlicher Aktivität im Alter. In: Kruse, A./Lehr, U./Oswald, F./Rott, C. (Hrsg.): Gerontologie – Wissenschaftliche Erkenntnisse und Folgerungen für die Praxis. Vaduz [1988].

Hackfort, D.: Psychologie im Freizeitsport. In: Gabler, H./Nitsch, J. R./Singer, R. (Hrsg.): Einführung in die Sportpsychologie, Teil 2: Anwendungsfelder. Schorndorf [1993].

Hahmann, H.: Altersspezifische Korrelation zwischen sportlicher Aktivität und vorrangiger Motivation für die sportliche Betätigung: In: ADL (Hrsg.) [1971].

Hecker, G.: Möglichkeiten der Motivationsförderung im Sportunterricht. In: Hackfort, D. (Hrsg.): Handeln im Sportunterricht, Psychologisch-didaktische Analysen. Köln [1984].

Heckhausen, H.: Motive und ihre Entstehung. In: Weinert, F. E. et al. (Hrsg.): Funk-Kolleg Pädagogische Psychologie, Band 1. Frankfurt a. M. [1974].

Heckhausen, H.: Perspektiven einer Psychologie des Willens. In: Heckhausen, H./Gollwitzer, P./Weinert, F. E. (Hrsg.): Jenseits des

Rubikon. Der Wille in den Humanwisschenschaften. Berlin/Heidelberg/New York [1987 a].

Heckhausen, H.: Intentionsgeleitetes Handeln und seine Fehler. In: Heckhausen, H./Gollwitzer, P./Weinert, F. E. (Hrsg.): Jenseits des Rubikon. Der Wille in den Humanwissenschaften. Berlin/ Heidelberg/New York [1987 b].

Heckhausen, H.: Motivation und Handeln. Heidelberg/New York [1989].

Heinemann, K.: Der „nicht-sportliche" Sport. In: Dietrich, K./Heinemann, K. (Hrsg.): Der nicht-sportliche Sport. Schorndorf [1989].

Heinemann, K.: Das kommerzielle Fitness-Studio heute – und morgen (2). In: Sportstudio und Fitnesscenter, 4/5 [1990].

Heinemann, K.: Soziologie des Sports. Schorndorf [1990].

Heitmann, H. M.: Motives of older adults for participating in physical activity programs. In: Mc Pherson, P. D. (Hrsg.): Sport and aging. Champaign [1986].

Hennig, W.: Die Motivation des Sportinteresses bei Kindern und Jugendlichen. In: Theorie und Praxis der Körperkultur, 14 [1965].

Heuwinkel, D.: Sport für Ältere in einer sportaktiven alternden Gesellschaft. In: Zeitschrift für Gerontologie, 23 [1990].

Hillmann, K. H.: Wertewandel. Zur Frage sozio-kultureller Voraussetzungen alternativer Lebensformen. Darmstadt [1989].

Hoffmann, G.: Der Kommerzialisierungsprozeß im Sport – Ursachen und Ausblick. In: Agricola, S./Haag, A./Stoffers, M. (Hrsg.): Freizeitwirtschaft – Märkte und Konsumwelten. Erkrath/ Wuppertal [1990].

Hollmann, W./Hettinger, T.: Sportmedizin – Arbeits- und Trainingsgrundlagen. Stuttgart/New York [1990³].

Honer, A.: Bodybuilding als Sinnsystem. In: Sportwissenschaft, Ausgabe 2 [1985].

Horch, H.-D.: Vereinigungsversagen: Ein Institutional-Choice-Vergleich zwischen Sportverein und kommerzieller Sportorganisation. In: Sportwissenschaft, Ausgabe 20 [1990].

Hüppe, M./Uhlig, T.: Empirische Untersuchung zu Sportmotiven von Teilnehmern einer sportlichen Großveranstaltung. Sportwissenschaft, 20 [1990].

Ilker, H.-G./Ramme, M. (Hrsg.): Fitness-Studio im Verein. Ahrensburg [1990].

Ingelhart, R.: Wertwandel in den westlichen Gesellschaften. In: Klages, H./Kmieciak, P. (Hrsg.): Wertwandel und gesellschaftlicher Wandel. Frankfurt [1979].

Janssen, J. P./Wegner, M./Bolte, C.: Fit sein ist „in". In: Sportpsychologie, 6 [1992].

Johnsgard, K.: The motivation of the long distance runner II. In: Journal of sports medicine, 25 [1985].

Johnsgard, K.: The motivation of the long distance runner II. In: Norwegian Confederation of Sports (Hrsg.): Making the inactive active. Oslo [1988].

Jörgensen, G./Rieder, H.: Probleme der individuellen körperlichen Leistungsfähigkeit. In: Die Leibeserziehung, 21/9 [1972].

Jütting, D. H.: Freizeit- und Erwachsenensport. Ein Beitrag zur erziehungswissenschaftlichen Freizeitforschung. München/Basel [1976].

Jütting, D. H.: Freie Zeit – Zum Zeitkonzept und Zeithaushalt in der Industriegesellschaft. In: Franke, E./Becker, P./Digel, H./Klein, M./Pilz, G. A. (Hrsg.): Sport und Freizeit. Reinbek [1983].

Jütting, D. H.: Freizeit – Konsumieren oder Selbstgestalten? In: Agricola, S./Haag, A./Stoffers, M.: Freizeitwirtschaft – Märkte und Konsumwelten. Erkrath/Wuppertal [1990].

Kähler, R.: Neue Freizeitangebote in Großbetrieben. In: WBSV e.V. (Hrsg.): Sport im Betrieb. Köln [1986].

Kamberovic, R./Hase, T.: Fitness und Profit. Hamburg [1994].

Kappeler, B.: Die vergessenen Trümpfe. In: Die Zeit, 7 [1994].

Kenyon, G. S.: Six Scales for assessing attitudes towards physical activity. Research Quarterly, 39 [1968].

Kohout, G./Stein, P.: Modernes Fitnesstraining: Aufschwung mit der Ausdauer. In: Sportstudio und Fitnesscenter, 4/5 [1990].

Kröner, S.: Sport und Geschlecht. Eine soziologische Analyse sportlichen Verhaltens in der Freizeit. Ahrensburg [1976].

Kurz, D.: Fitness-Sport im Verein aus der Sicht des Sportpädagogen. In: Ilker, H.-G./Ramme, M.: Gesundheitsbezogener Vereinssport. Ahrensburg [1988].

Lemmens, G.-J.: Fitness-Studio, Quo vadis? In: International Report, 20 [1989].

Landessportbund NW.: Auswertung: Fitness-Studios in Vereinen. Duisburg [1992].

Madsen, K. B.: Theory of motion. A comparative study of modern theories of motivation. Cleveland/Kopenhagen [1968].

Maslow, A.: Motivation und Persönlichkeit. Olten [1981].

Mellerowicz, H./Dürrwächter, H.: Sport – Gesundheit – Wirtschaft. In: WBSV e.V. (Hrsg.): Sport im Betrieb. Köln [1983].

Meyer, H.: Zur Entwicklung der Sportbedürfnisse. Köln [1992].

Mickler, W./Moser, T.: Warum Fitness-Studios attraktiv sind. Eine motivationspsychologische Analyse. In: Schulz, N./Allmer, H. (Hrsg): Fitness-Studios, Anspruch und Wirklichkeit. Deutsche Sporthochschule Köln [1988].

Mönnich, J.: Begrüßung und Einführung in die Tagung Sport und Gesundheit. In: Landessportbund Nordrhein-Westfalen [1993].

Mrazek, J.: Die Verkörperung des Selbst. In: Psychologie heute, Ausgabe 2 [1984].

Mrazek, J./Rittner, V.: Wunsch-Objekt Körper. In: Psychologie heute, Ausgabe 12 [1986].

Mrazek, J.: Psychosoziale Aspekte eines veränderten Sportverständnisses. In: Binnenwies, H./Thieme, B. (Red.): Freizeit- und Breitensport, Teil 2. Ahrensburg [1986].

Mrazek, J.: Fitness-Studios und Sportvereine als konkurrierende Modelle. In: Schulz, N./Allmer, H. (Hrsg.): Fitness-Studios, Anspruch und Wirklichkeit. Brennpunkte der Sportwissenschaft (2). Sankt Augustin [1988].

Mrazek, J.: Freizeit, Gesundheit und Sport. In: Fromme, J./Stiffes, M. (Hrsg.): Freizeit im Lebensverlauf. Erkrath [1988].

Mrazek, J./Rittner, V.: Dienstleistungen von Fitness-Studios. Köln [1989]

Naul, R.: Die „organisierte" Freizeit: Vereine und Verbände. In: R u. H Werbeagentur GmbH (Hrsg.): Freizeitinfrastruktur in Städten. Essen [1992].

Neumann, O.: Art, Maß und Methode von Bewegung und Sport bei älteren Menschen. Schriftenreihe des BMJFG, Bd 31. Stuttgart [1976]

Nitsch, J. R.: Sportpsychologie. In: Asanger, R./Wenninger, G.: Handwörterbuch der Psychologie. München [1988].

Oerter, R.: Entwicklung der Motivation und Handlungssteuerung. In: Oerter, R./Montada, L. (Hrsg.): Entwicklungspsychologie. München [1987²].

Oerter, R.: Motivation und Handlungssteuerung. In: Oerter, R./Montada, L. (Hrsg.): Entwicklungspsychologie. Weinheim [1995³].

Opaschowski, H. W./Raddatz: Freizeit im Wertewandel. Hamburg [1984].

Opaschowski, H. W.: Sport in der Freizeit. Hamburg [1986].

Opaschowski, H. W.: Sport in der Freizeit. Mehr Lust auf Leistung. Auf dem Weg zu einem neuen Sportverständnis. Hamburg [1987].

Opaschowski, H. W.: Freizeit 2001. Ein Blick in die Zukunft unserer Freizeit. Hamburg [1992].

Opaschowski, H. W.: Freizeitökonomie: Marketing von Erlebniswelten. Opladen [1993].

Opaschowski, H. W.: Freizeit und Lebensqualität, Bd. 11 [1993 a].

Opaschowski, H. W.: Einführung in die Freizeitwissenschaft. Opladen [1994].

Opaschowski, H. W.: Neue Trends im Freizeitsport, B. A. T. Freizeit-Forschungsinstitut, Skript. Hamburg [1994].

Opaschowski, H. W.: Neue Trends im Freizeitsport. Analysen und Prognosen vom B. A. T-Freizeit-Forschungsinstitut. Hamburg [1995].

Palm. J.: Was macht das Fitness-Studio so attraktiv aus der Sicht des Sports für alle? In: Willi-Weyer-Akademieschrift (43), Fitness-Studio im Verein. Berlin [1987 a].

Palm, J.: Was macht das Fitness-Studio so attraktiv aus der Sicht des Sports für alle? In: Ilker, R.-G./Ramme, M. (Hrsg.): Gesundheitsbezogener Vereinssport. Ahrensburg [1988].

Petry, K.: Fitness-Studios in geschlechtsspezifischer Wahrnehmung - Eine empirische Untersuchung im Fitness-Studio der Hamburger Turnerschaft von 1816. Unveröffentlichte Diplomarbeit. Deutsche Sporthochschule Köln [1990].

Pölzer, V. H.: Motivation im Gesundheitssport. In: Eberspächer, H./Hackfort, D. (Hrsg.): Entwicklungsfelder der Sportpsychologie. Köln [1989].

Pramann, U.: Die Lust an der Last. In: Sports, 1 [1988].

Preuß, V.: Sport und Freizeitgüter. In: Agricola, S./Haag, A./Stoffers, M. (Hrsg.): Freizeitwirtschaft – Märkte und Konsumwelten. Erkrath/Wuppertal [1990].

Rittner, V.: Gesamtgesellschaftliche Entwicklungen und ihre Auswirkungen auf den Sport. In: Kultusminister Nordrhein-Westfalen (Hrsg.): Sportentwicklung, Einflüsse und Rahmenbedingungen. Köln [1984].

Rittner, V.: Sport und Gesundheit – Zur Ausdifferenzierung des Gesundheitsmotivs im Sport. In: Sport – Wissenschaft, 15 [1985].

Rittner, V.: Sportvereine und gewandelte Bedürfnisse. In: Pilz, G. A. (Hrsg.): Sport und Verein. Reinbek [1986].

Rittner, V./Mrazek, J.: Sport, Fitness, Aussehen, Projektbericht (2 Bände). Deutsche Sporthochschule Köln [1986 a].

Rittner, V./Mrazek, J.: Neues Glück aus dem Körper. In: Psychologie heute, Ausgabe 11 [1986 b].

Rittner, V.: Freizeit und Sport. In: Deutsche Gesellschaft für Freizeit (Hrsg.): Sport – Freizeit – Bewegung, Bd. 1. Erkrath [1987].

Rittner, V.: Sport als ökonomisches Interessenobjekt. In: Digel, H. (Hrsg.) Sport im Verein und im Verband. Schorndorf [1988].

Rittner, V.: Fitness-Studios im Trend. Gesundheit, Fitness, Aussehen, Befindlichkeit, Spaß. In: Ilker, H.-G./Ramme, M. (Hrsg.): Gesundheitsbezogener Vereinssport. Ahrensburg [1988 a].

Rittner, V.: Körperbezug, Sport und Ästhetik, In: Sportwissenschaft, 4 [1989].

Rittner, V. et al.: Sportinfrastruktur im Kreis Neuss, Bd 2. Köln [1989].

Rittner, V.: Freizeit und Sport. Zum Verschwinden der Sportmoral im allgemeinen Freizeitverhalten. In: Materialien zum Sport in Nordrhein-Westfalen: Bausteine der Breitensportentwicklung in Nordrhein-Westfalen. Düsseldorf [1994].

Rodin, J.: Die Körper-Falle. In: Psychologie Heute, Ausgabe 7 [1993].

Rösch, H.-E.: Etymologie und Phänomenologie eines Begriffes. In: Beuker, F. (Hrsg.): Fitness – Heute: Standortbestimmungen aus Wissenschaft und Praxis (DGF). Erkrath [1993].

Rosenfeld, G.: Theorie und Praxis der Lernmotivation. Berlin [1966].

Röthig, P. (Ltg.): Wörterbuch der Sportwissenschaft. Schorndorf [1983].

Schickeiser, M.: Empirische Studie zur Beziehung zwischen dem Leistungsmotiv und der Einstellung zum Sport unter freizeittheoretischem Aspekt. Unveröffentlichte Diplomarbeit. Deutsche Sporthochschule Köln [1980].

Schiefele, H.: Lernmotivation und Motivlernen. Grundzüge einer erziehungswissenschaftlichen Motivationslehre. München [1978^2].

Schleske, W.: Abenteuer – Wagnis – Risiko im Sport. Schorndorf [1977].

Schmittenhelm, K.: Fitnessprogramme mit und ohne Gerät. In: Schulke, H.-J. et al.: Gesundheit in Bewegung. Aachen [1992].

Schönholzer, G. (Hrsg.): Was ist Fitness? Fitness als Begriff und Ziel. II Magglinger Symposium, 31. August bis 3. September 1970. Basel [1971].

Schoot, P. van der: Aktiv leben – gesund leben durch Bewegung, Spiel und Sport. Köln [1986].

Schulke, H.-J./Frietze, U./Maltig, G./Scharf, G. (Hrsg.): Gesundheit in Bewegung. Edition Sport und Wissenschaft, 12. Aachen [1992].

Schurbohm, C.: Das Geschäft mit der Gesundheit. In: Gym, 1 [1986].

Singer, R. (Hrsg.): Alterssport. Schorndorf [1981].

Singer, R.: Einführung in die Sportpsychologie. Schorndorf [1986].

Sport Test: Fitness – Wellness. Sonderdruck, 3 [1989]

Stamford, B./Shimer, P.: Ganz einfach fit! Vergessen Sie alles, was Sie bisher über Fitness gehört haben. (New York 1990) Düsseldorf/Wien [1993].

Stemper, T.: Training im Fitness-Center – vom Körperkult zum Gesundheitssport. In: Sportstudio + Fitness-Center. 1 / 2 [1993].

Stemper, T./Wastl, P.: Fitness/Gesundheitssport in der Ausbildung sportwissenschaftlicher Studiengänge an deutschen Hochschulen. In: dvs-Informationen, 1 [1995].

Streletz, J.: Aus Liebe zum Eisen. Düsseldorf [1982/83].

Tantrum, M./Hodge, K.: Motives for participating in masters swimming. New Zealand Journal of Health, Physical Education and Recreation, 26 [1993].

Tokarski, W./Schmitz-Scherzer, R.: Freizeit. Stuttgart [1985].

Tokarski, W.: Sport mit Älteren. In: Klose, H.-U.: Zwischen Teilhabe und Rückzug. Handlungspotentiale der Älteren. Bonn [1993].

Thomae, H.: Motivationsbegriffe und Motivationstheorien. In: Thomae, H. (Hrsg.) Theorien und Formen der Motivation. Göttingen/Toronto/ Zürich [1983].

TÜV Rheinland Gruppe/TÜV Ostdeutschland: Pressespiegel, 04-08/1995. Berlin [1995].

Wachenfeld, H.: Freizeitverhalten und Marketing. Grundlagen des Marketing für Freizeitangebote. Heidelberg [1987].

Webster, D.: Bodybuilding, an illustrated history. New York [1979].

Wieland, H./Rütten, A.: Sport und Freizeit in Stuttgart. Stuttgart [1991].

Wieland, H.: Sportmotive heute. In: Uhlig, T. (Hrsg.): Gesundheitssport im Verein, Bd. 2. Berichte, Analysen, Meinungen. Schorndorf [1995].

Willmann, H./Messinger H.: „Der kleine Muret-Sanders" Englisch-Deutsch. Berlin/München [1985].

Würzberg, G.: Muskelmänner. In den Maschinenhallen der neuen Körperkultur. Hamburg [1987].

Wydra, G.: Entwicklung und Evaluation eines didaktischen Modells der Sporttherapie im Bereich stationärer Heilbehandlungen. Heidelberg [1985].

Zimbardo, P. G.: Psychologie. Berlin/Heidelberg/New York [1983[4]].

Edition Sport & Freizeit

Band 1
Freizeit im neuen Europa

In dem vorliegenden Buch stellen 19 Autoren aus zehn europäischen Ländern ihre Überlegungen aus den von ihnen vertretenen Bereichen zur Entwicklung der Freizeit im neuen, sich weiter verändernden Europa vor.

Edition Sport & Freizeit

Die Reihe greift vornehmlich aktuelle Themen und Problemstellungen in Sport und Freizeit auf. Sie versteht sich als Diskussionsplattform für Fragen der angewandten Sport- und Freizeitwissenschaft. Renommierte Autoren stellen ihre Ansichten und die Resultate ihrer Arbeit vor.

Band 2
EU-Recht und Sport

In diesem Band werden, ausgehend von den europäischen Verträgen und den bisher getroffenen Entscheidungen, die Auswirkungen der Tätigkeiten der EU detailliert dargestellt und von Experten u.a. aus den Bereichen Europäisches und Sportrecht kommentiert.

Band 3
Segeln in Mecklenburg-Vorpommern

Mitarbeiter der Studieninitiative Wirtschaft und Umwelt haben den Segelsport an der Küste und den Binnengewässern Mecklenburg-Vorpommerns hinsichtlich Fragen des Umweltschutzes aus Sicht der Wirtschaft untersucht.

Band 4
Sport – Zuschauer – Medien

Erstmals liefert ein Buch Daten und Fakten über eine Vielzahl von Sportpublika der jeweils höchsten Leistungsklassen. Befragt wurden über 10.000 Personen in 30 Veranstaltungen der verschiedensten Sportarten.

Band 5
Animation im Freizeitsport

Die vorliegenden sportwissenschaftlichen Konzepte der Animation versuchen, eine Antwort auf die Frage nach einer spezifischen Freizeitmethodik zu geben, um freizeitsportliche Praxis systematisch zu analysieren und zu unterstützen.

Band 6
Spuren. Sport und Europa – Europa und der Sport

Neben Informationen, welche Rolle der Sport im neuen Europa spielt und den Auswirkungen der EU auf den Sport werden aktuelle Themen wie z.B. das Bosman-Urteil oder Rassismus im Sport behandelt.

ISBN:
Band 1: 3-89124-215-8
Band 2: 3-89124-480-0
Band 3: 3-89124-246-8
Band 4: 3-89124-257-3
Band 5: 3-89124-340-5
Band 6: 3-89124-341-3
Band 7: 3-89124-358-8

Band 7
Wege aus der Krise

Der Sport und seine Vereine befinden sich in einer sehr schwierigen Situation. Dieser Band beschreibt das in Gelsenkirchen entwickelte Modell, den „Sport für alle" trotz der zum Sparen gezwungenen Kommunen sozialverträglich zu sichern.

MEYER & MEYER • DER SPORTVERLAG

Von-Coels-Str. 390 · D-52080 Aachen · Tel. 02 41/9 58 10-0 · Fax 02 41/9 58 10-10
E-mail: verlag@meyer-meyer-sports.com · http://www.meyer-meyer-sports.com